Vinaigres à tout faire

Du même auteur, chez le même éditeur

- *LE BONHEUR EST DANS LE POT, guide pratique pour bien vivre avec les plantes d'intérieur* - 2003
- *LE DICTIONNAIRE À TOUT FAIRE, 2500 trucs et astuces efficaces et utiles pour simplifier votre vie quotidienne* - 2006

ISBN : 978-2-7163-1375-9

Inès Peyret

Vinaigres à tout faire

Trucs et astuces au quotidien
Guide pratique écologique
Adresses utiles

3e édition

ÉDITIONS DU DAUPHIN
43-45 rue de la Tombe-Issoire
75014 Paris
www.editionsdudauphin.com

Pour ma maman Giovanna P.

Table des matières

LA MAISON ET LE JARDIN

Jamais sans mon vinaigre

Les légionnaires romains en mangeraient leur casque s'ils savaient que l'humble *posca* de leur ration est aujourd'hui la boisson la plus furieusement tendance à Tokyo, Shanghai, Beijing ou Hongkong. Une *posca* améliorée certes, mais le breuvage branché des *foodistes* asiatiques n'est qu'une version relookée de l'antique coupe soif et tonique vitaminé des soldats. Un peu de *kurozu* – du vinaigre de riz noir vieilli dans des jarres en céramique alignées au soleil – mélangé à de l'eau minérale, du jus de fruits – myrtille, orange sanguine, litchis, orange et cassis, pêche et framboise, etc. – du lait de soja ou du soda. Pour 13 dollars vous avez LA boisson hyper *cool* vendue dans les bars à vinaigre. Les *fashionistas* se précipitent sur cette concoction qui leur fait du bien, elles raffolent de cette « boisson cosmétique » qui fait une jolie peau.

L'une des formules de salutation en vogue entre amies est « est-ce que tu as bu ton vinaigre ? » Le vinaigre alicament et *cosmefood* fait un malheur au Japon – où il représente 20 % du marché – en Chine et aux États-Unis où sa consommation n'est pas qu'un phénomène de mode.

L'Europe traîne encore la patte. Le vinaigre balsamique, par exemple, n'est une star internationale que depuis les années 1980. Pas étonnant donc si la plupart des études sur les vertus du vinaigre pour la santé sont surtout asiatiques et américaines.

Les qualités gustatives de certains vinaigres sont reconnues dans l'univers de la haute cuisine. Déglaçage au vinaigre de Xérès, petit nappage au vinaigre de framboise et glace au vinaigre balsamique sont au menu des meilleurs restaurants. Mais le vinaigre le plus vendu, en France et dans le monde, est le bon vieux vinaigre blanc ou vinaigre d'alcool qui n'est pas le top pour les papilles. Pas question pour autant de le bouder, bien au contraire ! Il faudrait l'acheter par bidon de 4 litres ou le faire livrer par camion-citerne. Ce *must* des ménagères, aussi efficace qu'écolo, nettoie tout du sol au plafond.

Dès l'Antiquité, le vinaigre est reconnu comme l'un des produits les plus polyvalents qui soit. On peut tout faire avec le vinaigre ou presque, à condition de savoir quel vinaigre utiliser, comment l'utiliser et pour quoi l'utiliser. Et ne pas réserver l'acétique liquide pour la seule élaboration des vinaigrettes.

La fabrication du vinaigre

La fabrication du vinaigre se fait en deux étapes de fermentation naturelle : une fermentation alcoolique et une fermentation acétique. La fermentation alcoolique est la transformation des sucres en alcool et la fermentation acétique est la transformation de l'alcool en vinaigre. Il faut attendre le XVIIIe siècle pour les premières études sérieuses sur la fermentation.

En 1730, Boerhaave, un chimiste allemand met en évidence trois types de fermentation : la fermentation spiritueuse ou transformation des sucres en alcool, la fermentation acétique ou transformation de l'alcool en vinaigre et la fermentation putride ou putréfaction du vin. À la même époque, son compatriote Stahl, réussit à définir le rôle de l'alcool dans la fermentation acétique. Un siècle plus tard, Persoon, un botaniste hollandais, découvre avec émotion en 1822 le micro-organisme qui provoque la fermentation – aujourd'hui baptisé Acétobacter.

Mais c'est Pasteur qui, en 1863, découvre le pot aux roses : le vinaigre naît de la transformation de l'alcool par la fermentation d'une solution d'acide acétique. Ce sont les bactéries acétiques qui s'en chargent. Présentes naturellement sur les fruits, dans l'air, dans le vin, les bactéries acétiques appartiennent, en majorité, au genre Acétobacter. Il existe différentes souches d'Acétobacter regroupées en deux familles (Acétobacter pasteurianus et Acétobacter aceti).

Ces petites bactéries fort goulues raffolent de l'alcool et du sucre mais ont absolument besoin de grandes quantités d'oxygène et d'une température comprise entre 25 °C et 30 °C. La température augmente la rapidité avec laquelle se déroule la réaction. À 25 °C, l'acétification se fait près de 10 fois plus vite qu'à 10 °C.

Dans une fabrication traditionnelle du vinaigre de vin, on utilisait des copeaux de hêtre comme support flottant du ferment (mycoderma aceti) pour faire oxyder l'alcool du vin. D'ailleurs si vous envisagez de manger gaulois, vous pouvez toujours mettre un rôti de sanglier au menu accompagné de sa petite salade de feuilles de hêtre avec sa vinaigrette au vinaigre de hêtre et à l'huile de faines.

Pour celles et ceux qui ne le savent pas, les faines sont les délicieux petits fruits du hêtre. Reste à trouver un meunier, ou un laboratoire, pour triturer cette graine à faible rendement car l'écorce est importante. Il paraît que nos ancêtres du néolithique – ceux avant les Gaulois – consommaient en salade les jeunes pousses du hêtre au printemps.

Les copeaux de hêtre sont toujours utilisés pour fabriquer du vinaigre rapidement. On fait ruisseler de façon continue le liquide à acétifier sur une masse de copeaux de hêtre contenus dans de grandes cuves. Le liquide en cours d'acétification est recyclé jusqu'à épuisement de l'éthanol. Les bactéries se développent à la surface des copeaux de bois. Dans le monde, 30 % des installations fonctionnent encore selon ce procédé[1].

Pour la majorité de la fabrication industrielle, le liquide est mis dans de vastes cuves métalliques dans lesquelles on injecte de l'oxygène. Les bactéries sont en suspension dans le moût en fermentation. Le liquide est agité et maintenu à la température idéale. Le liquide est ensuite filtré, éventuellement pasteurisé puis mis en bouteille[2].

1. Source : INRA.
2. Source : INRA.

Chaque fois que vous trouverez le mot vinaigre seul au cours de votre lecture, reportez vous ci-dessous pour savoir de quel vinaigre utilisé il s'agit.

Santé - hygiène - beauté	
Vinaigre de cidre sauf autre indication	
Sachez que 100 gr de vinaigre de cidre contiennent :	
Calcium, Ca	7 mg
Fer, Fe	0,20 mg
Magnésium, Mg	5 mg
Phosphore, P	8 mg
Potassium, K	73 mg
Sodium, Na	5 mg
Zinc, Zn	0,04 mg
Cuivre, Cu	0,008 mg
Manganèse, Mn	0,249 mg
Cuisine et gastronomie	
Vinaigre de vins (voir la fabrication du vinaigre)	
Maison et jardin	
Vinaigre d'alcool blanc ou ménager ou cristal	

SANTÉ – HYGIÈNE ET BEAUTÉ

Du vinaigre dans l'armoire à pharmacie

*« En médecine comme en alchimie,
il est impossible de faire quoique ce soit d'utile sans vinaigre. »*
Basilius Valentinus[1].

Il y a plus de 1000 ans, sous la dynastie des Sung, le poète Wu Tzu-mu avait dressé la liste des « sept nécessités » vitales indispensables même aux plus pauvres : du bois pour faire du feu, du riz, de la sauce de soja, de l'huile de sésame, du sel, du vinaigre et du thé. Aujourd'hui encore, un proverbe chinois dit qu'une famille qui a toujours suffisamment de vinaigre n'aura jamais besoin de consulter un médecin. Et ce ne sont pas ces gaillards d'Imhotep, d'Hippocrate et d'Ibn Sina (Avicenne pour ses copains européens) – grands prescripteurs et consommateurs de vinaigre – qui auraient dit le contraire ! On retrouve l'acide liquide dans les trousses des médecins et des guérisseurs du monde entier.

1. Moine bénédictin et alchimiste allemand du XVe siècle.

Dès l'antiquité, il entre dans la composition de recettes contre pratiquement tous les maux, des plus courants à ceux aussi divers et variés que le relâchement de la luette, le gonflement des glandes, la putréfaction des humeurs, les fièvres aiguës, ardentes, malignes, la peste, la petite vérole, la lèpre, la gangrène, les concrétions polypeuses du sang !

Hippocrate le recommandait, entre autres, comme désinfectant. Pline, dans son *Histoire naturelle*, rapporte ses vertus anesthésiantes découvertes par les Égyptiens. Les très inventifs confrères d'Imhotep avaient découvert qu'en frottant de la pierre de Memphis – un marbre local – avec du vinaigre, il se dégageait une substance volatile susceptible d'entraîner une narcose passagère ou du moins une élévation du seuil de la douleur chez leur patient. Les non moins astucieux experts chinois se servaient de la médecine et du vinaigre pour résoudre les crimes dès le Xe siècle.

La procédure leur imposait déjà de remplir des formulaires en triples exemplaires – indiquant les noms du procureur, des officiels, l'heure d'arrivée sur la scène du crime, le nombre de blessures et la cause du décès. Et l'assistant du coroner – *le wu tso* – lavait le cadavre avec du vinaigre pour faire apparaître les blessures. Une pratique qui semble moins ridicule depuis les études récentes indiquant que le vinaigre permet de détecter le cancer du col de l'utérus[2] avec une simple application d'acide acétique, c'est-à-dire de vinaigre. Une révolution pour les pays pauvres où le prix des frottis reste prohibitif pour la plupart des femmes.

Le précieux liquide était aussi le tonique du guerrier, le viatique du voyageur et le viagra des vizirs. Les légions romaines carburaient à la posca, du vinaigre dilué dans de l'eau et les samouraïs se dopaient au *tamago-su* – un tonique santé concocté en faisant dissoudre un œuf dans du vinaigre.

2. Blumenthal PD, Lauterbach M, Sellors JW, Sankaranarayanan R ; Training for cervical cancer prevention programs in low-resource settings : focus on visual inspection with acetic acid and cryotherapy, *International Journal of Gynecology & Obstetrics*, 2005 ; 89 (Suppl 2) : S30 – S37. Blumenthal PD, Gaffikin L, Deganus S, et al : For the Ghana Cervicare Group. Cervical cancer prevention : safety, acceptability, and feasibility of a single-visit approach in Accra, Ghana, *American Journal of Obstetrics and Gynecology,* 2007 ; 1 96 ; 407.e1 – 407.e9. Stefanaki IM, Tosca AD, Themelis GC, et al : In vivo detection of human papilloma virus-induced lesions of anogenital area after application of acetic acid : a novel and accurate approach to a trivial method, J Photochem Photobiol B. 2001 ; 65 : 115-121. Shaw T : Peru tries vinegar against cervical cancer, *Bull World Health Org*. 2003 ; 81 : 73-74.

Pour le repos du guerrier, une recette du *Jardin parfumé* suggère un mélange de sirop de vinaigre, de miel et d'épice pour palier aux pannes des pachas et stimuler la sexualité défaillante des sultans.

Quant à Christophe Colomb, en garçon prévoyant, il ne partait jamais sans embarquer force barriques de vinaigre, son secret anti-scorbut. Une recette également en vogue pendant la guerre de Sécession. Nordistes et Sudistes l'utilisaient aussi pour éviter les problèmes gastriques, désinfecter les blessures et soigner la pneumonie. Cette application thérapeutique est toujours en vigueur en Chine, à tel point que l'épidémie de tuberculose atypique en 2003 a fait flamber le prix du vinaigre ! L'institut de recherche sur les maladies épidémiques de l'académie de médecine chinoise a testé le vinaigre pour traiter les infections respiratoires.

Deux cents colonies de micro-organismes responsables de maladies telles que la pneumonie, la grippe, etc. ont été détruites dans les 30 minutes qui ont suivi une vaporisation de vinaigre dans l'atmosphère. Cette expérience explique pourquoi des employés de la section vinaigre d'une usine agroalimentaire ont été les seuls à être épargnés par une épidémie de grippe qui a frappé le reste de l'usine. Un autre rapport d'une usine agroalimentaire indique que le taux annuel d'employés souffrant d'infections respiratoires est de huit pour cent alors qu'il n'est que d'un pour cent chez les employés du département vinaigre. Le rapport précise que ces employés sont moins malades moins longtemps.

Le vinaigre occupe depuis toujours une place de choix dans la médecine asiatique. Pendant la dynastie des Qing, les troubles féminins étaient soignés avec plus de 20 remèdes traditionnels préparés avec du vinaigre. Pas étonnant donc que la plupart des recherches sur le vinaigre soient faites en Chine et au Japon. Les études confirment souvent les vertus traditionnelles découvertes de manière empirique.

C'est effectivement un excellent désinfectant[3] externe et interne. L'acide acétique qu'il contient est très efficace, notamment contre des bactéries aussi peu fréquentables que la salmonelle

3. Rund CR. Nonconventional topical therapies for wound care. *Ostomy Wound Manage*. 1996 ; 42 : 22-24.

et l'E-coli[4]. Et même en cas de contamination à l'anthrax, si vous avez de la javelle et du vinaigre, vous êtes sauvé[5].

Pour faire la guerre à ces vilaines bestioles, il n'y a pas mieux que le vinaigre d'alcool ou vinaigre blanc. Par contre, il n'a aucune valeur nutritionnelle. Idem pour les vinaigres industriels – de cidre, de vin ou de riz – qui ne présentent aucun intérêt alimentaire. Donc, si vous décidez d'utiliser du vinaigre pour votre santé, ne prenez que des vinaigres biologiques, non filtrés et non pasteurisés. La pasteurisation détruit les enzymes et les oligo-éléments contenus dans le vinaigre. Les vinaigres non industriels de cidre, de vin, de riz, etc. sont tous riches en vitamines A, B, C, D, E, en antioxydants puissants et en oligo-éléments – particulièrement en potassium – et en phosphore, calcium, magnésium, soufre, fer, fluor, silicium, bore.

Ces oligo-éléments jouent un rôle important dans la prévention des maladies osseuses telles que l'ostéoporose, des maladies cardio-vasculaires, de l'hypertension et du cholestérol, de l'anémie et la fatigue. Au tableau des bonnes choses, on trouve aussi des flavonoïdes pour combattre les allergies et les virus et faire baisser le cholestérol ; des polyphénols, une nouvelle classe d'antioxydants surpuissants qui réduisent les risques de cancer[6] ; des enzymes qui font un sort aux troubles digestifs et du métabolisme ; de l'acide acétique et en plus petites quantités, de l'acide malique et différents acides aminés anti-âge, excellents contre la perte de mémoire.

4. ZHAO Dan-yan et al : Observation on germicidal efficacy of garlic *solution vinegar and its influencing factors*, *China disinfection Journal*, 2006/01. GE new, Liu Liying, Liu Hailing, Tunqingji, GE Xin, LIU Liying, LIU Hai-ling : An Observation of the Growth Inhibition Effect of Vinegar on Intestinal Bacilli, *Practical preventive medicine*, 2005/01. Entani E, Asai M, Taujihata S, Tsukamoto YK Ohta M. Antibacterial action of vinegar against food-borne pathogenic bacteria including Escherichia coli 0157 :H7, J Food Prot. 1998 ; 61 : 953-959. Lukasik J, Bradley ML, Scott TM, Dea M, Koo A, Hsu WY, Bartz JA, Farrah SR : Reduction of poliovirus 1, bacteriophages, Salmonella Montevideo, and Escherichia coli O157 : H7 on strawberries by physical and disinfectant washes, *J Food Prot.* 2003 Feb ; 66 (2) : 188-93. Sengun IY, Karapinar M ; Effectiveness of household natural sanitizers in the elimination of Salmonella typhimurium on rocket (Eruca sativa Miller) and spring onion (Allium cepa L.), *Int J Food Microbiol.* 2005 ; 98 : 319-323. Vijayakumar C, Wolf-Hall CE : Evaluation of household sanitizers for reducing levels of Escherichia coli on iceberg lettuce, *J Food Prot.* 2002 ; 65 : 1646-1650. Entani E, Asai M, Tsujihata S, Tsukamoto Y, Ohta M : Antibacterial action of vinegar against food-borne pathogenic bacteria including Escherichia coli O157 : H7, J Food Prot. 1998 Aug ; 61 (8) : 953-9. Zhang Aimin : Study on the inhibition to the intestinal pathogenic bacteria of garlic vinegar, *China condiment*, 2002/09.

5. MicroChem Lab, Inc. in Euless, Texas, 2006 ASM Biodefense Research Meeting, American Society for Microbiology, February 19, 2006.

6. Nishino H, Murakoshi M, Mou XY, et al : Cancer prevention by phytochemicals, *Oncology*, 2005 ; 69 (Suppl 1) : 38-40.

Selon le Dr Yoshio Takino de l'université de Shizuka, les 20 acides aminés et les 16 acides organiques contenus dans l'authentique vinaigre de riz font la guerre aux redoutés radicaux libres responsables – entre autres – de l'oxydation des lipides.

Laquelle « rouille » favorise le développement de l'artériosclérose et des maladies cardio-vasculaires. Des études[7] sur des petits rongeurs ont démontré que les extraits de *kurosu* supprimaient cette problématique oxydation des lipides. Toujours selon le Dr Takino, le vinaigre de riz contient cinq fois plus d'acides aminés que les autres vinaigres et ce sont ces acides aminés qui donnent au vinaigre ses propriétés médicinales. Au hit parade des vinaigres de riz, on trouve le *kurosu* japonais et le *chinkiang* et le *Chencu* chinois.

Comme en mathématiques, dans le vinaigre, le tout est supérieur à la somme des parts. En d'autres termes, chaque vitamine, chaque oligo-élément, chaque acide aminé est bénéfique, mais le secret de la réussite, c'est le fait que tous ces éléments agissent en synergie. Si de plus vous associez le vinaigre à d'autres ingrédients, vous augmentez d'autant ses effets. Certaines grands-mères fort avisées affirmaient que le vinaigre, l'ail, le piment et le gingembre remplaçaient la plupart des médicaments.

À part le piment qu'ils ne connaissaient pas, Hippocrate et ses confrères, tous amateurs de vinaigre, les auraient approuvées. Avec dans vos placards, ces fleurons de la pharmacopée universelle, vous avez de quoi prévenir grand nombre de maladies et une bonne trousse de secours pour soulager les bobos quotidiens.

Entendons-nous bien, il ne s'agit en aucun cas de remplacer le médecin, mais d'appliquer les préceptes d'Hippocrate et ceux de ses confrères asiatiques : que la nourriture soit ton médicament. Lesquels préceptes ont pris un sérieux coup de jeune depuis qu'on nous dit que manger au moins cinq fruits et légumes par jour permet de prévenir toutes sortes de maladies très déplaisantes.

7. Nishidai S, Nakamura Y, Torikai K, et al : Kurosu, traditional vinegar produced from unpolished rice, suppresses lipid peroxidation in vitro and in mouse skin, *Biosci Biotechnol Biochem*, 2000 ; 64 : 1909-1914.

Acné, boutons

Qu'auriez-vous fait dans la Rome antique si, la veille d'un rendez-vous galant, vous aviez découvert avec horreur que d'affreux envahisseurs squattaient votre épiderme ? Vous vous seriez précipité chez Dioscoride qui, comme tous ses confrères, vous aurait prescrit du vinaigre. Le bon docteur avait dans le précieux liquide une foi inébranlable et affirmait avec un bel optimisme que le vinaigre soignait toutes les maladies de peau, lèpre comprise. En cela, il s'avançait un peu, mais pour la plupart des autres petits bobos, il avait raison. Donc en cas d'attaque, vous respirez un grand coup, vous vous consolez en vous disant que ça arrive à tout le monde, même à Harry Potter – certains journaux peu charitables rapportent que sur le tournage de ***La Coupe de feu****, il a fallu toute la magie du cameraman pour faire disparaître les imperfections cutanées des acteurs ! Les malheureux mortels moldus sans baguette magique et sans miracles technologiques se contenteront de terrasser les terroristes cutanés avec du vinaigre.*

Vinaigre et miel

Le miel, riche en vitamines et en oligo-éléments, est aussi un bon désinfectant[8].

À titre préventif, pour avoir une belle peau, prenez votre dose quotidienne de 2 cuillers à café de vinaigre et 2 cuillers à café de miel dans un verre d'eau. Si vous n'arrivez pas à l'avaler essayez avec de l'eau gazeuse.

Et appliquez sur les boutons, un mélange de vinaigre de cidre et de miel. Et pour donner le coup de grâce à ces disgracieux boutons, ajoutez un peu d'ail à la mixture.

8. Les études sur les vertus antibactériennes et antibiotiques du miel sont nombreuses dont voici quelques-unes : Dunford C. Cooper R A, Molan PC : Using honey as a dressing for infected skin lesions, Nursing Times, NT Plus 96 (14), 2000.Les études sur les vertus antibactériennes et antibiotiques du miel sont nombreuses dont voici quelques-unes : Dunford C. Cooper R A, Molan PC : Using honey as a dressing for infected skin lesions, *Nursing Times*, NT Plus 96 (14), 2000. Dustmann JH : *Antibacterial effect of honey*, Apiacta 1979 ; 14 (1) : 7-11. Green AE. Wound healing properties of honey. Br J Surg 1988 ; 75 (12) : 1278. Christov G, Mladenov S. Propriétés antimicrobiennes du miel CR, *Acad Bulg Sci* 1961 ; 14 (3) : 303-6. C'est l'un des médicaments les plus anciens. Il figure dans le Veda, qui daterait de 5000 av. J.-C. ; sur des tablettes sumériennes de 4000 av. J.-C. et dans un texte médical couché sur papyrus en 3 000 av. J.-C. qui le recommande pour les blessures à la tête parce qu'il « protège la blessure de l'air et des infections ».

Vinaigre de cidre

Restaurez-le pH de la peau matin et soir avec un mélange, en parts égales, de vinaigre et d'eau déminéralisée. Lotionnez les boutons plusieurs fois par jour.

Vinaigre de cidre et ail

Il faudrait toujours avoir de l'ail dans ses placards. Ses propriétés antiseptiques – entre autres – sont reconnues aujourd'hui[9].

Recueillez le jus de 2 gousses d'ail et ajoutez-le à la même quantité de vinaigre de cidre. Appliquez ce mélange mortel au coucher à condition de dormir seule ou de passer la nuit avec un fétichiste de l'ail.

Vinaigre et aspirine

Faites fondre un cachet d'aspirine dans un peu de vinaigre et appliquez cet emplâtre sur les boutons.

Vinaigre et bicarbonate ou curcuma

Faites la même chose avec du bicarbonate ou du curcuma.

Vinaigre de cidre et sel

Mélangez 1 cuiller à café de sel dans 3 cuillers de vinaigre. Appliquez et rincez à l'eau tiède après 30 minutes.

Oaky : Vinaigre de chêne (Voir Toxines)

Appliquez-le pur ou dilué sur vos bobos : acné, brûlures, dermatoses, eczéma, piqûres d'insectes, plaies, psoriasis, urticaires. Il vaut mieux faire vos soins la nuit parce que son odeur est puissante !

---

9. Ankri S, Mirelman D : Antimicrobial properties of allicin from garlic, *Microbes Inject* 1999 ; 2 : 125-9. Hahn G. In : Koch HP, Lawson LD, Eds : *Garlic : the science and therapeutic application of Allium sativum L and related species* (2nd ed.), Baltimore Williams and Wilkins, 1996 : 1-24. Hughes BG, Lawson LD : Antimicrobial effects of Allium sativum L (garlic), Allium ampeloprasum (elephant garlic) and Allium cepa L (onion), garlic compounds and commercial garlic supplement products. *Phytotherapy Research* 1991 ; 5 : 154-8. Cavallito C, Bailey JH : Allicin, the antibacterial principal of Allium sativum. Isolation, physical properties and antibacterial action. *J Am Chem Soc* 1944 ; 66 : 1944-52.

Aérophagie/ballonnements borborygmes et flatulences

Vous vous sentez aussi ballonné qu'une baleine échouée ? Alors, c'est l'heure des cocktails au vinaigre !

Vinaigre de cidre et miel

Dans une tasse d'eau chaude, diluez une cuiller à soupe de vinaigre et une cuiller à soupe de miel. Buvez lentement. Vous vous sentirez plus légère rapidement.

Vinaigre et bicarbonate

Mixez un petit cocktail effervescent pour effacer l'acidité en mélangeant dans ½ verre d'eau : 1 cuiller à soupe de vinaigre de cidre, ½ cuiller à café de bicarbonate, ½ cuiller à café de sucre et buvez pendant que ça pétille.

Si cette sensation de ballonnement est accompagnée d'ignobles flatulences et des borborygmes gênants, ce breuvage les calmera. Et si que les coupables qui vous ont mise dans cet état sont des membres de la famille des haricots, n'oubliez pas de les faire cuire avec 1 cuiller à soupe de vinaigre la prochaine fois.

Aigreurs ou brûlures d'estomac

L'acide gastrique est presque aussi corrosif que l'acide de batterie. La sensation d'aigreur que l'on ressent est due au relâchement d'un sphincter qui a des défaillances et qui laisse remonter des reflux acides de l'estomac dans l'œsophage. Pour lutter contre ce désagrément, retirez vos chaussures, tenez-vous à une chaise, montez sur la pointe des pieds, aussi haut que possible puis laissez retomber les talons d'un coup. Répétez la manœuvre 20 ou 30 fois.

Vinaigre et miel

Et comme il faut toujours mieux prévenir que guérir, prenez 2 cuillers à café de vinaigre et 2 cuillers à café de miel dilué dans 1 verre d'eau avant les repas.

Si en plus vous faites du sport et que vous évitez le tabac, l'alcool et le café, les aigreurs ne seront plus qu'un mauvais souvenir.

Allergies

La première mort par allergie à faire la presse people est celle du roi égyptien Menses, tué par une piqûre d'abeille plus de 3000 ans av. J.-C. Quant à l'allergie aux chevaux de Britannicus, elle a sans doute changé le cours de l'histoire. Dès qu'il s'approchait des chevaux, la peau du fils de l'empereur Claudius se couvrait de boutons et ses yeux enflaient au point de ne plus voir où il allait. Comme son fiston ne pouvait pas caracoler à la tête des jeunes patriciens romains dans cet état, Claudius a demandé à son fils adoptif Néron de le remplacer. Ce dernier s'est empressé d'éliminer Britannicus et de devenir le ***serial killer*** *qu'on connaît.*

Les allergies alimentaires sont elles aussi reconnues dès l'Antiquité. Le philosophe romain Lucrèce remarque les réactions que provoquent certains aliments et explique que « la nourriture de l'un peut être poison pour l'autre ».

Dans la pharmacopée folklorique, le vinaigre a la réputation de soulager les allergies au pollen, aussi appelées rhume des foins, les allergies aux animaux et certaines allergies alimentaires. La recherche moderne a confirmé les vertus antibiotiques et antiseptiques naturelles du vinaigre. Il stimule le système immunitaire et l'acide qu'il contient permet de diminuer la toxicité de certains composants en acétate et de soulager certaines allergies cutanées. Dans ce cas, lotionnez la peau irritée avec des compresses au vinaigre et prenez des bains additionnés de deux tasses de vinaigre.

Vinaigre et miel

Pour les allergies au pollen (voir rhume des foins), prenez le cocktail habituel mais utilisez uniquement un miel de la région dans laquelle vous vous trouvez.

Vinaigre de riz, lait et miel

Essayez ce remède japonais : mélangez 20 ml de vinaigre dans 200 ml de lait pour obtenir un yaourt instantané. Ajoutez une bonne dose de miel de la région. Prenez 1 verre de ce mélange matin et soir pendant toute la saison des allergies. Excellent aussi en période de fatigue et de croissance.

Vinaigre, lavande, romarin, sauge et thym

Préparer un tonique anti-allergique avec ces quatre plantes riches en flavonoïdes[10] selon la recette pour les vinaigres aux herbes indiquées sous la rubrique **Ostéoporose**.

Prenez 1 cuiller à soupe de ce vinaigre 2 ou 3 fois par jour, dans un verre d'eau ou dans vos recettes de cuisine.
Il est aussi antioxydant, anti-inflammatoire, anti-vieillissement, antimicrobien et antifongique.

Anémie

On dit que Lucrèce Borgia buvait du vinaigre balsamique après ses accouchements pour reprendre des forces. Une pratique que n'aurait pas désavouée la médecine traditionnelle chinoise qui recommande toujours la soupe au vinaigre de gingembre aux jeunes mamans, ou encore les sages-femmes d'autrefois en Allemagne qui encourageaient les futures mamans anémiées de boire du vinaigre.

10. Panizzi L, Flamin G, Cioni PL, Morelli I : Composition and antimicrobial properties of essential oils of four Mediterranean Lamiaceae, *Journal of Ethnopahrmacology* 1993 ; 39 : 167-170. Ielpo MTL et al : Immunopharmacological properties of flavonoids, *Fitoterapia* 2000 ; 71 : S101-S109. Cos P et al : Cytotoxicity and lipid peroxidation-inhibiting activity of flavonoids, Planta Med 2001 ; 67 : 515-519.

En Inde, la consommation de produits vinaigrés est à tel point associée à la grossesse que, dans les films, une jeune femme qui mange des conserves au vinaigre est un euphémisme cinématographique pour indiquer qu'elle est enceinte.

Pour vérifier la véracité du remède des ***Hebammen*** germaniques, des chercheurs allemands se sont penchés sur le vinaigre. Ils ont démontré que les oligoéléments qu'il contient permettent de prévenir et de corriger les carences en fer[11] légères. Les chercheurs chinois ont confirmé les vertus de la soupe au vinaigre de gingembre[12], riche en calcium et en fer. Diverses autres études[13] ont également démontré que la cuisson des légumes avec un peu de vinaigre dans des ustensiles en fer associée à la prise quotidienne de vinaigre permettait de réduire considérablement les carences en fer. De plus, le vinaigre favorise l'absorption du fer, alors n'hésitez pas à consommer vos lentilles en salade avec une bonne vinaigrette en plus du cocktail quotidien au vinaigre et au miel.

Essayez aussi le vinaigre aux herbes qui ne devrait pas se limiter au vinaigre à l'échalote, à l'estragon ou à la framboise. Amusez-vous à fabriquer vous-mêmes ces excellents alliés de votre santé. Si vous aimez le piment, n'hésitez pas à en ajouter une bonne pincée dans votre préparation. Utilisez de préférence des plantes fraîches et lavez-les et séchez-les soigneusement avant de les mettre dans un bocal. N'utilisez que des récipients en verre ou en céramique – jamais en métal – et ébouillantez-les soigneusement avant de vous en servir. Faites chauffer le vinaigre avant de le verser sur les plantes.

---

11. U. Heins, C. Koebnick, C. Leitzmann : Vinegar Drink to Improve Iron Status during Pregnancy in trace elements in Man and animal, *Springer*, US, 2002.
12. Chan SM, Nelson EA, Leung SS, Cheung PC, Li CY : Special postpartum dietary practices of Hong Kong Chinese women, *Eur J Clin Nutr,* 2000 Oct ; 54 (10) : 797-802.
13. Shumei Yun, Jean-Pierre Habicht, Dennis D Miller & Raymond P Glahn : An In Vitro Digestion/Caco-2 Cell Culture System Accurately Predicts the Effects of Ascorbic Acid and Polyphenolic Compounds on Iron Bioavailability in Human, *The American Society for Nutritional Sciences J. Nutr.* 134 : 2717-2721, October 2004. Borigato EVM and FE Martinez : Iron nutritional status is improved in Brazilian preterm infants fed food cooked in iron pots. *Journal of Nutrition,* 1998 ; 128 (May) : 855-859. Brabin B : Iron pots for cooking : Wishful thinking or traditional common sense? Lancet, 1999 ; 353 (Feb. 27) : 690-691. Adish AA et al : Effect of consumption of food cooked in iron pots on iron status and growth in young children : A randomised trial. *Lancet*, 1999 ; 353 (Feb. 27) : 712-716.

Vinaigre et pissenlit

Au XIe siècle, les médecins arabes l'appelaient *taraxacon* du mot grec *taraxox* désordre et *akos* remède. C'est un excellent diurétique et un tonique pour le foie.

Mettez 500 gr de feuilles de pissenlit coupées, lavées et séchées dans un bocal. Versez 1 l de vinaigre de cidre chaud pour les recouvrir entièrement. Fermez hermétiquement le bocal et laissez reposer 6 semaines. Filtrez et versez dans un récipient hermétique. Prenez 1 cuiller à soupe diluée dans un verre d'eau deux fois par jour.

Vinaigre et mélasse noire

Aux États-Unis, les *mammas* du Sud préconisaient de mélanger 2 cuillers à café de vinaigre de cidre et 2 cuillers à café de mélasse dans un verre d'eau ou une tasse de thé pour fortifier le sang.

Vinaigre et œuf *tamago-su*

C'est la recette secrète du tonique roboratif des samouraïs. Elle vous requinque en un clin d'œil, recharge vos batteries et vous donne une forme olympique à condition de pouvoir l'avaler. Si vous avez le coeur bien accroché, essayez!

Lavez soigneusement un oeuf sans le casser, essuyez-le et mettez-le dans une tasse. Recouvrez-le de vinaigre de riz, recouvrez la tasse de film et mettez au réfrigérateur 2 ou 3 jours, jusqu'à ce que la coquille soit complètement dissoute dans le vinaigre. Retirer la membrane avec une baguette et mélangez soigneusement l'œuf avec le vinaigre. Prenez une tasse à saké du liquide trois fois par jour après les repas.

Conservez-le au réfrigérateur et ne le secouez pas.

Le *tamago-su* est également utilisé en Asie pour traiter l'arthrite, le cholestérol, la constipation, le diabète de type II, la fatigue, l'hypertension, les problèmes de poids, pour stimuler l'immunité et comme breuvage anti-âge.

Arthrite

Les Babyloniens s'en plaignaient déjà et ils n'étaient pas les seuls ! L'arthrite frappait fort dans l'antiquité[14]. De Moïse à la momie de Ramsès II, sans parler de la momie péruvienne du Musée royal d'art et d'histoire de Bruxelles – plus connue sous le nom de Rascar Capac depuis qu'Hergé l'a immortalisée dans ***Tintin et le temple du soleil*** *– tous souffraient d'arthrite, de rhumatismes et autres douleurs articulaires. Non seulement ces affections leur ont gâché la vie, mais elles auraient contribué à la chute de l'empire romain[15] !*

La pharmacopée traditionnelle est formelle : le vinaigre, seul ou associé à l'ail, au piment, au gingembre, à la cannelle ou à d'autres plantes, est le remède qui calme les bursites, les tendinites, l'arthrose, l'épine calcaire au talon, les pierres aux reins ou au foie. Il favorise un ramollissement et une élimination du mauvais calcaire accumulé aux articulations. Il peut aider aussi à ralentir la progression de cette maladie.

Pour l'instant, les chercheurs traînent un peu la patte pour étudier les vertus du vinaigre pour soulager ces maux. Mais on sait que l'acide malique, le magnésium et le potassium qu'il contient contribuent à calmer la douleur[16], à dissoudre les dépôts calcaires et en favoriser l'élimination.

Vinaigre

À chaque repas et au coucher, buvez 1/2 verre d'eau additionné de 1 à 2 cuillers à soupe de vinaigre de cidre ou de riz.

Vinaigre et miel

Prenez le cocktail habituel – 2 cuillers à café de vinaigre et 2 cuillers à café de miel dans un verre d'eau – trois fois par jour. Si vous aimez le piment, ajoutez 1 pincée de piment de Cayenne.

14. Appelboom Th. The past : a gallery of arthritics. Clin Rheumatol 1989 ; 8 : 442–52.
15. Nriagu JO : Saturnine gout among Roman aristocrats. Did lead poisoning contribute to the fall of the Empire? N Engl J Med 1983 ; 308 : 660–3.
16. Jason Theodosakis, Brenda Adderly & Barry Fox : *The Arthritis Cure*, St. Martin's Press, NY, 1997. Jason Theodosakis, Brenda Adderly & Barry Fox : *Maximizing the Arthritis Cure*, St. Martin's Press, NY, 1998. Julian Whitaker and Brenda Adderly : *The Pain Relief Breakthrough*, Little, Brown, NY, 1999.

Vinaigre et spiruline

Les propriétés anti-inflammatoires de la spiruline sont démontrées. Prenez la petite algue bleue tous les jours avec le cocktail ci-dessus. Vous serez étonné du résultat.

Vinaigre, jus de pomme et jus de raisin

Mélangez 5 parts de jus de raisin, 3 parts de jus de pomme et 1 part de vinaigre et buvez un petit verre de ce délicieux breuvage tous les matins.

Vinaigre et sel

Pour accélérer le processus de soulagement des douleurs articulaires, musculaires, les inflammations, les entorses etc. appliquez une compresse trempée dans de l'eau salée très chaude sur la zone douloureuse puis massez-la avec du vinaigre chaud.

Vinaigre de riz et ail

La médecine chinoise recommande un mélange magique qui, conservé dans un récipient hermétique, se conserve pendant 20 ans ! Il sert à prévenir et guérir grand nombre de maux et s'utilise en interne et en externe. Les proportions sont simples : moitié vinaigre moitié ail. Choisissez de préférence de l'ail violet que vous épluchez et écrasez. Mettez-le dans un bol en verre, ajoutez le vinaigre et mélangez. Versez dans un récipient en verre, fermez soigneusement et laissez reposer à l'abri de la lumière pendant 15 jours.

Pour soulager les parties enflées douloureuses avec de la fièvre, versez un peu du liquide sur un linge et appliquez en compresse pendant 1 heure. Vous pouvez aussi vous massez avec le mélange.

Vinaigre de riz et œuf *tamago-su*

Soulagez l'arthrite avec le secret des samouraïs dont vous trouverez la recette sous la rubrique ***Anémie***. Prenez une tasse à saké du liquide trois fois par jour après les repas.

Bain au vinaigre

Rien de tel qu'un bon bain bien chaud additionné de deux tasses de vinaigre. Détendez-vous et massez les zones douloureuses sortant du bain avec un mélange eau et vinaigre ou avec la lotion ci-dessous.

Vinaigre et pétales de roses

Faites bouillir 1 poignée de pétales de roses dans 1 tasse de vinaigre pendant 5 minutes. Massez les endroits douloureux avec cette mixture.

Vinaigre et piment de Cayenne

La capsaïcine que contient le piment utilisé en pharmacie dans la composition de différents baumes révulsifs. Provoque une sensation de chaleur, voire de brûlure intense. Ces sensations sont suivies d'effets analgésiques et anti-inflammatoires[17]. Pour une lotion de massage, faites bouillir 1 cuiller à soupe de piment dans ½ litre de vinaigre pendant quelques minutes. Mettez immédiatement en bouteille sans filtrer. Massez les parties douloureuses avec cette lotion qui stimule la circulation. L'afflux de sang diminue l'inflammation et la sensation de douleur.

Vinaigre et poivre

Faites bouillir 1 tasse de vinaigre, 1 tasse d'eau et 2 cuillers à café de poivre. Laissez refroidir et masser les zones sensibles.

17. Kress M, Zeilhofer HU : Capsaicin, protons and heat : New excitement about nociceptors, *Trends Pharmacol Sci* 1999 ; 20 : 112-8. Caterina MJ, Scbumacher MA, Tominaga M, Rosen TA, Levine JD, Julius D : The capsaicin receptor, a heat-activated ion channel in the pain pathway, *Nature* 1997 ; 389 : 816-24. Wood, John N : *Capsaicin in the Study of Pain, Academic Press*, London. 1993.

Asthme

Les asthmatiques égyptiens qui consultaient Imhotep, premier médecin à avoir son nom dans l'annuaire, repartaient avec une prescription à base de dattes, de cumin, d'oignon, de céleri et de miel dilués dans de la bière ou du vin et agrémenté de quelques fientes d'oiseaux, détaillés dans ***Le Livre égyptien*** *des remèdes du fameux papyrus Ebers. Avec le temps, la recette s'est simplifiée pour ne retenir que le vinaigre. La médecine orthodoxe est muette sur le sujet, mais des chercheurs japonais ont obtenu des résultats prometteurs avec des extraits de vinaigre[18].*

Vinaigre

Pour stopper net les prémices d'une crise d'asthme, prenez 1 cuiller à café de vinaigre de cidre.

Vinaigre et acupuncture

Si vous avez du mal à respirer, trempez 2 bandes de tissu blanc imbibées de vinaigre et enroulez-les bien serrées autour des poignets.

Bleus, bosses et œil au beurre noir

Le vinaigre est excellent pour atténuer les marques de pugilat, bleus, bosses et œil au beurre noir. Pour un résultat encore plus rapide, utilisez des glaçons de vinaigre – que vous aurez toujours en réserve dans le congélateur pour les bobos de vos Rambos. Pilez-les dans un sachet en plastique et posez ce pack de glace super efficace sur leurs plaies et leurs bosses.

Vinaigre

Vous n'avez pas de glaçons au vinaigre ? Tant pis ! Faites une compresse de vinaigre. Si le bleu ou la bosse est près de l'œil, attention ! Évitez de faire couler du vinaigre dans l'œil.

18. Hayashi T, Hasegawa K, Sasaki Y, Sagawa Y, Oka T, Fujii A, Hashiguchi K, Ueno S, Nagano M : Amelioration of late asthmatic bronchial-bronchiolar lesion in BALB/c mice by kurozu moromi powder, *Food Agr Immunol* 13, 139-148 (2006).

Un coup de marteau sur le doigt ? Vous vous êtes coincé le doigt dans la porte ? Trempez-le dans un verre de vinaigre.

Vinaigre et sel de mer

Vous pouvez aussi ajouter une bonne dose de sel au vinaigre pour accélérer le processus.

Brûlures

Ibn Sina[19], rebaptisé Avicenne, prescrivait force vinaigre. Dans son célèbre ***Al-Qanoon fit Tibb*** *– le Canon de la Médecine, il le recommande en application externe pour traiter les blessures, les inflammations, les furoncles, les migraines et indique que c'est un agent coagulant. En interne, il explique qu'il est apéritif et digestif.*

Dans le cas de brûlures superficielles, passez immédiatement la partie brûlée sous l'eau glacée puis, faites comme le Dr Jarvis[20], sortez la bouteille de vinaigre de cidre et versez sur la brûlure pour soulager et éviter la formation de cloques.

Une étude[21], publiée dans le journal officiel des chirurgiens plastiques américains, démontre que le vinaigre minimise les brûlures alcalines, souvent provoquées par des produits de nettoyage. L'un des auteurs indique que, contrairement aux idées reçues, il faut utiliser un produit neutralisant. Pour limiter les dégâts, lavez immédiatement la brûlure à grande eau puis appliquez du vinaigre pour neutraliser.

Oaky : Vinaigre de chêne (Voir Toxines)

Appliquez l'oaky, pur ou dilué. sur vos brûlures.

19. Ibn Sina, 980 – 1037.
20. Jarvis DC : *Folk medicine,* Fawcett World library, 1958.
21. Andrews K, Mowlavi A, Milner SM : The treatment of alkaline burns of the skin by neutralization, *Plast Reconstr Surg*. 2003 May ; 111 (6) : 1918-21.

Cals, cors et autres durillons

C'est Hippocrate qui, le premier, décrit les cals et les cors, et recommande de les enlever. À cet effet, il invente des instruments qui sont les premiers scalpels connus de l'histoire. Dioscoride affirme que le vinaigre salé est excellent contre les callosités qui pourrissent.

Pour prévenir les cals, cors et autres durillons, prenez des bains de pieds au moins trois fois par semaine dans de l'eau additionnée de vinaigre de cidre et de gros sel.

Pour vous débarrasser des démangeaisons, cors ou champignons aux pieds, trempez vos petons dans de l'eau tiède additionnée d'une poignée de sel de mer. Séchez-les et appliquez du vinaigre de cidre pur.

Vinaigre de cidre

Trempez un petit bout de tissu dans du vinaigre de cidre et nouez-le autour de l'orteil atteint. Laissez en place pendant la nuit. Le vinaigre ramollit la peau dure. Renouvelez le traitement aussi longtemps que nécessaire pour faire disparaître le cor.

Vinaigre et pain

Vous pouvez aussi appliquer de la mie de pain trempée dans du vinaigre sur le cor. Maintenez en place pour la nuit avec du film alimentaire étirable.

Vinaigre et poireau

Coupez et faites macérer des feuilles de poireau dans du vinaigre. Appliquez-les en cataplasme sur le cor le soir au coucher, recouvrez avec du film alimentaire étirable et retirez le lendemain matin. Répétez l'opération tous les soirs pendant 1 semaine. Prenez un bain de pied et retirez la disgracieuse excroissance.

Calculs biliaires ou rénaux

Le serment d'Hippocrate inclut la promesse de ne pas opérer pour extraire les calculs rénaux. L'opération, une affaire épouvantable à l'époque, était confiée à des spécialistes qui ne faisaient que ça. Les médecins arabes du Moyen âge recommandent la nigelle noire et l'herboriste et astrologue élisabéthain Nicholas Culpeper, le fenouil pour les expulser.

Aujourd'hui la plupart des calculs sont éliminés sans opération. On dit que le vinaigre de cidre les dissout. Cette méthode empirique n'a pas fait l'objet d'études, mais il semble que le vinaigre de cidre donne d'excellents résultats. Prenez deux cuillers à café de vinaigre dans un verre d'eau trois fois par jour.

Cholestérol

Si, comme le dit le proverbe, on a l'âge des ses artères, mieux vaut alors qu'elles ne soient pas encrassées. Différentes études indiquent que le vinaigre permet de diminuer le mauvais cholestérol qui s'accroche sur les parois.

Pour certains chercheurs, c'est grâce à l'acide acétique[22], pour d'autres la pectine contenue dans le vinaigre de cidre[23] ou encore les vingt acides aminés et seize acides organiques présents dans le vinaigre de riz qui préviennent la formation des graisses toxiques[24].

Vinaigre ou vinaigre et miel

Le cocktail habituel.

22. Fushimi, Takashi et al : Dietary acetic acid reduces serum cholesterol and triacylglycerols in rats fed a cholesterol-rich diet, *British Journal of Nutrition*, (May 2006) ; 95 (5) : 916-924.
23. Vorarlberg Institute for Vascular Investigation and Treatment à Feldkirch, en Autriche et publié dans *Diabetes Care* 2005 ; 28 : 108-114.
24. Dr Yoshio Takino de l'université de Shizuka.

Vinaigre de riz, ail et miel

Testez cette recette des *obaachan* japonaises. Il vous faut 500 gr d'ail violet de préférence, 500 gr de miel et 1 litre de vinaigre de riz. Vous pouvez diminuer les doses en conservant les mêmes proportions.

Épluchez ail et laissez-le sécher à l'air. Dans un récipient hermétique en verre, mettez l'ail en le recouvrant de miel au fur et à mesure. Puis versez le vinaigre chaud qui doit bien recouvrir le tout. Fermez et laissez reposer à l'abri de là lumière pendant deux mois. L'ail ainsi conservé dans le vinaigre perd une grande partie de son odeur et vous évitera de faire fuir votre entourage.

Prenez 2 cuillers à café du précieux liquide dans un verre d'eau froide ou chaude deux fois par jour.

Ce remède est également recommandé pour prévenir les autres problèmes cardio-vasculaires, stimuler les défenses immunitaires, soulager la dépression, éviter la constipation, faciliter le sommeil et vous faire une peau de rêve.

Vinaigre de riz

Buvez 2 cuillers à café diluées dans un verre d'eau trois fois par jour.

Vinaigre de riz et cacahuètes

Un remède chinois pour attaquer le cholestérol[25] et les autres maladies cardio-vasculaires et faire baisser la tension[26].

Mettez des cacahuètes non grillées avec leur enveloppe dans un bocal en verre. Recouvrez de vinaigre chaud et fermez le bocal hermétiquement. Laissez reposer 7 jours avant de manger 10 cacahuètes matin et soir.

25. Zhang Guiying, Bao-Gui Wang, Liu Ya, Zhao LIN Yi, Zhang Yu : Vinegar peanuts, the hypolipidemic effect compared vinegar Comparative Study on Effects of Vinegar Peanut and Vinegar on Lowing Lipid Level in Blood, *Journal of Jilin University (Medical Edition)*, 2003/06
26. Chen Chao, Li Zhang : Treatment of Hypertension by Vinegar Immersed Peanut, *Chinese folk medicine, Chinese naturopahtie*, 2004/12.

Vinaigre de riz, miel et citrons bios

Une recette japonaise avec 500 gr de citrons bio, 500 gr de miel et 500 ml de vinaigre de riz.

Lavez soigneusement les citrons et laissez-les sécher. Coupez-les en tranches, mettez-les dans un bocal en verre en alternant une couche de citrons et une couche de miel. Ajoutez le vinaigre chaud qui doit bien recouvrir les citrons. Fermez hermétiquement et laissez reposer 1 mois. Retirez les citrons et attendez encore 1 mois avant de vous en servir.

Matin et soir prenez 2 cuillers à soupe du mélange que vous ajoutez à un verre d'eau froide ou chaude pour retrouver un transit du tonnerre et un teint clair.

Cette préparation est également utilisée pour corriger la constipation, l'hypertension, l'insomnie, prévenir la grippe et les méfaits de l'âge et vous faire une peau de bébé.

Vinaigre de riz et haricots de soja bio secs

Lavez 500 gr de haricots secs, séchez-les et faites-les griller à sec dans une poêle à frire pendant 10 à 15 minutes, jusqu'à ce que la peau se fende. Laissez-les refroidir et mettez-les dans un bocal en verre. Recouvrez d'un litre de vinaigre de riz chaud. Fermez hermétiquement et laissez reposer 15 jours. Prenez 5 grains tous les jours, le matin ou pendant les repas. Ils n'ont pas très bon goût, mais comme le dit un proverbe coréen « un bon médicament a un goût amer. » Dans ce cas précis, c'est un goût très aigre.

Vous pouvez aussi utiliser des haricots noirs, rouges, blancs ou des fèves.

Au Japon, ce vinaigre est également prescrit contre le diabète de type 2, l'hypertension, l'obésité, comme potion anti-âge et pour faire une jolie peau.

Vinaigre et œuf *tamago-su*

Concoctez-vous le vinaigre des samouraïs dont vous trouverez la recette sous la rubrique ***Anémie***. Prenez une tasse à saké du liquide trois fois par jour après les repas.

Chute des cheveux

Les recettes antichute antiques sont aussi nombreuses que peu appétissantes. Dioscoride – médecin et chirurgien grec qui accompagnait les armées de Néron – concoctait une mixture à base de cendres de sabots de boucs macérées dans du vinaigre pour traiter la calvitie. D'autres proposaient une immonde bouillie à base de peau de hérisson brûlée mélangée à du goudron liquide. Les médecins arabes préféraient le vinaigre à la myrrhe pour contrer la calvitie. Quant à Nicholas Culpeper, il préconisait une préparation de noyaux de pêches écrasés et bouillis dans du vinaigre jusqu'à obtention d'un liquide épais. Selon lui, cette concoction fortifie les cheveux qui restent et les fait repousser sur les plaques chauves.

Pour traiter des alopécies dues à des carences alimentaires, le vinaigre est un allié précieux.

Buvez le cocktail habituel de vinaigre et de miel.

Vinaigre, miel et mélasse noire

Pour une action renforcée, ajoutez de la mélasse noire qu'on trouve dans les magasins diététiques. Prenez matin et soir 4 cuillers à café de vinaigre, de miel et de mélasse.

Cicatrisation

Hippocrate et Dioscoride y croyaient. Et les chirurgiens esthétiques y croient toujours ! Ils recommandent une solution de vinaigre d'alcool et d'eau – 1 cuiller à soupe diluée dans ½ litre d'eau – pour soulager et accélérer la cicatrisation après les dermabrasions[27]. Et ce, parce que le vinaigre est antibactérien et que la nature légèrement acide de la solution favorise la guérison.

Circulation

Les grands-mères juraient que le vinaigre était excellent pour les veines et donc pour la circulation. Dans le Vermont des années 1950, le Dr Jarvis[28] attribuait ces vertus au potassium qu'il contient. La recherche récente au Japon confirme que le vinaigre de vin associé au raisin[29] est bon pour les vaisseaux. Les investigations les plus récentes ont confirmé les vertus vasodilatatrices du vinaigre[30], en partie dues à l'oxyde nitrique[31] – important neurotransmetteur chez les mammifères, utilisé en médecine comme vasodilatateur – qu'il contient.

Vinaigre et chaussettes

Dans ses montagnes Bavaroises, le père Sebastian Kneipp, prêtre et naturopathe, se frictionnait le corps avec du vinaigre pour activer la circulation. Pour soulager des jambes lourdes, il recommandait de tremper une paire de chaussettes dans un mélange de 4 volumes d'eau tiède et 1 volume de vinaigre, de les essorer un peu en les tordant, de les enfiler, de s'allonger et d'envelopper les jambes dans une couverture bien serrée pendant 1 heure.

27. Monheit G : Chemical peels, *Advances in dermatolotic studies*, vol 9, 2004.
28. Jarvis DC : *Folk medicine*, Fawcett World library, 1958.
29. Sugiyama A, et al : Acute cardiovascular effects of a new beverage made of wine vinegar and grape juice, assessed using an in vivo rat. Nutr Res 2003 ; 23 : 1291–6.
30. Honsho S, et al : A red wine vinegar beverage can inhibit the renin-angiotensin system : experimental evidence in vivo, *Biol Pharm Bull* 2005
31. Takahara A, et al : The endothelium-dependent vasodilator action of a new beverage made of red wine vinegar and grape juice, *Biol Pharm Bull* 2005 ; 28 : 754-6.

Vinaigre et piment de Cayenne

On connaît les effets de la capsaïcine sur le système cardio-vasculaire[32]. Améliorez votre circulation avec un petit tonique au vinaigre. Lavez, évidez et séchez soigneusement une dizaine de piments. Mettez-les dans un mixeur avec ½ litre de vinaigre. Mixez bien et mettez dans un bocal à l'abri de la lumière pendant 15 jours. Filtrez et mettez en bouteille. Prenez 1 cuiller à café dans un verre d'eau chaude.

Vinaigre, miel et bardane

Pour renforcer les vaisseaux, le vinaigre à la racine de bardane est un allié précieux. Vous trouverez la bardane en pharmacie.

Dans un bocal en verre préalablement ébouillanté et séché, mettez 100 gr de racine de bardane émincée, 100 gr de miel et recouvrez du vinaigre de cidre ou de riz chaud. Fermez hermétiquement (de préférence avec un couvercle non métallique ou recouvert, comme ceux de pots de confiture ou de cornichons) et laissez reposer 6 mois.

Prenez 1 ou 2 cuillers à soupe de ce vinaigre dilué dans un verre d'eau froide ou chaude matin et soir.
Ce veinotonique est aussi diurétique et un excellent anti-grippe.

Cœur

L'herboriste néo-zélandais Robert McDowell[33] recommande un remède à base de baies d'aubépine et de vinaigre à utiliser pour les problèmes cardiaques. Les propriétés de l'aubépine pour traiter les problèmes cardio-vasculaires sont reconnues depuis le premier siècle de notre ère[34]. Si votre mari fait un malaise, dixit Robert, donnez-lui immédiatement ce remède, prenez-en vous aussi, puis appelez l'ambulance. Voici sa recette :

32. Chahl LA, Lynch, AM : The acute effects of capsaicin on the cardiovascular system, *Acta-Physiol-Hung*, 1987 ; 69 (3-4) : 413-9.
33. http://www.herbal-horsekeeping.com/robert_mcdowell_herbalist.htm
34. Zhongguo Zhong Yao Za Zhi. 2005 ; 30 (8) : 634-40 (ISSN : 1001-5302).Ju LY. Department of Debiochine, Debiopharne S A. Fong HH ; Bauman JL : Program for Collaborative Research in the Pharmaceutical Sciences, Department of Medicinal Chemistry and Pharmacognosy, College of Pharmacy, University of Illinois at Chicago, USA, *J Cardiovasc Nurs.* 2002 ; 16 (4) : 1-8. Am J Health Syst Pharm. 2002 ; 59 (5) : 417-22

Mettez des feuilles fraîches, (de préférence les pointes des jeunes feuilles), des fleurs et des baies d'aubépine dans un bocal en verre. Recouvrez entièrement de vinaigre. Le bocal doit être plein. Remuez tous les jours pendant 6 semaines. Filtrez. Puis mettez dans un petit flacon avec quelques gouttes de *Rescue Remedy*[35] (ou remède de secours qu'on trouve dans les magasins diététiques).

Si vous n'avez pas de plantes fraîches, utilisez des baies séchées. Comptez 1 kg de baies pour 2 litres de vinaigre. Et procédez comme ci-dessus.

Commencez par 20 gouttes 3 fois par jour pendant quelques semaines puis réduisez à 10 gouttes.

Constipation

Hérodote rapporte que « les Égyptiens se nettoient pendant trois jours consécutifs tous les mois pour rester en bonne santé grâce aux lavements parce qu'ils pensent que toutes les maladies des hommes proviennent de la nourriture. » Effectivement, les médecins de l'Égypte antique prenaient la constipation très au sérieux et la combattaient avec un arsenal impressionnant de laxatifs et de lavements.

L'hydrothérapie du colon leur avait été donnée par les dieux eux-mêmes. Le papyrus d'Ebers révèle quelques recettes de lavements, lesquels sont indiqués pour plus d'une vingtaine de problèmes d'estomac et d'intestin et visent « à expulser les excréments ».

D'autres manuscrits médicaux babyloniens, sumériens et indiens indiquent que les Égyptiens n'étaient pas les seuls adeptes du nettoyage intestinal. Hippocrate favorise son fameux cocktail oxymel pour combattre la constipation, y compris chronique accompagnée de fièvre.

35. Rescue Remedy du Dr Edward Bach. Ce médecin anglais a mis au point des élixirs floraux pour gérer les émotions dont le plus célèbre est le *rescue remedy* à prendre en cas de choc et de stress émotionnel.

Sa fameuse formule composée d'une part de vinaigre de vin blanc et de quatre parts de miel, figure dans toutes les pharmacopées occidentales jusqu'à la fin du XIXe siècle[36]. Dans le *Satiricon*, Trimalchio retrouve son transit avec une infusion de zeste de grenade et de charbon de bois dans du vinaigre.

Vinaigre ou vinaigre et miel

Pour vous débarrasser du problème, prenez deux cuillers à café de vinaigre dans un verre d'eau, le matin à jeun.

Ou prenez le cocktail habituel de vinaigre et de miel.

Vinaigre de riz, ail et miel

Prenez cette préparation dont vous trouverez la recette sous la rubrique ***Cholestérol***.

Prenez 2 cuillers à café du précieux liquide dans un verre d'eau froide ou chaude deux fois par jour.

Ce remède est également recommandé pour prévenir le cholestérol et les problèmes cardio-vasculaires, stimuler les défenses immunitaires, soulager la dépression, éviter la constipation, faciliter le sommeil et vous faire une peau de rêve.

Vinaigre de riz, miel et citrons biologiques

Essayez cette recette japonaise dont vous trouverez les détails sous la rubrique ***Cholestérol***.

Matin et soir prenez 2 cuillers à soupe du mélange que vous ajoutez à un verre d'eau froide ou chaude pour retrouver un transit du tonnerre et un teint clair.

Cette préparation est également utilisée pour corriger le cholestérol, l'hypertension, l'insomnie, prévenir la grippe et les méfaits de l'âge et vous faire une peau de bébé.

36. British Pharmacopoeia (1898), German Pharmacopoeia (1872), Codex français (1898).

Vinaigre de riz et raisin

Pour préparer cet autre trésor des grands-mères japonaises, équeutez, lavez et séchez soigneusement 500 gr de raisin noir de préférence. Mettez dans un bocal en verre et recouvrez complètement avec 1 litre de vinaigre. Laissez reposer pendant 2 mois.

Diluez deux cuillers à café dans un verre d'eau matin et soir.
Cet excellent antioxydant favorise aussi le sommeil et lutte contre le vieillissement.

Vinaigre de riz et carambole

Ce joli fruit qui prend la forme d'étoile lorsqu'on le coupe en tranches et que l'on trouve maintenant en supermarché, est un classique de la pharmacopée asiatique.

Lavez soigneusement 500 gr de carambole et laissez sécher à l'air. Coupez en tranches et mettez-les dans un bocal de verre sans retirer les graines. Recouvrez avec 1 litre de vinaigre et laissez macérer pendant deux mois.

Prenez deux cuillers à café dans un verre d'eau froide ou chaude matin et soir.

Excellent aussi pour soulager les maux de gorge, prévenir la grippe et faire une belle peau.

Vinaigre de riz et œuf *tamago-su*

Préparez le *tamago-su* des samouraïs dont vous trouverez la recette sous la rubrique ***Anémie***. Prenez une tasse à saké du liquide trois fois par jour après les repas.

Vinaigre de riz, olives noires fraîches et miel

Une autre recette du pays du soleil levant. Si vous habitez dans le midi et que vous trouvez des olives fraîches, testez le vinaigre.

Lavez et séchez 500 gr d'olives, mettez-les dans un bocal en verre en les recouvrant avec 500 gr de miel. Recouvrez le tout avec 1 litre de vinaigre de riz chaud. Fermez soigneusement et laissez reposer pendant 6 mois.

Prenez 2 cuillers à soupe diluées dans 1 grand verre d'eau chaude ou froide matin et soir. Adoucissez avec du miel si vous le souhaitez.

Ce vinaigre favorise le sommeil, donne une belle peau et ralentit le vieillissement.

Vinaigre de riz, miel et tomates

Il vous faut 500 gr de belles tomates bio pas trop grosses, 1 kg de miel et 1,5 l de vinaigre de riz.

Lavez soigneusement les tomates et laissez-les sécher. Coupez-les en tranches, mettez-les dans un bocal en verre en alternant une couche de tomates et une couche de miel. Mettez le couvercle sans le fermer hermétiquement. Mélangez une fois par jour pendant 1 semaine. Ajoutez le vinaigre qui doit tout recouvrir. Fermez hermétiquement et laissez reposer pendant 3 mois.

Matin et soir prenez 2 cuillers à soupe du mélange dans un verre d'eau froide ou chaude pour éviter la constipation, stimuler vos défenses, dormir comme un bébé, avoir une peau de bébé et lutter contre le vieillissement.

Coups de soleil

*Pour les victimes du soleil avec le **look** homard bouilli de Michel Blanc en dragueur malchanceux des **Bronzés**, le vinaigre de cidre permettra de réparer les dégâts douloureux d'une exposition au soleil sans protection.*

Vinaigre de cidre

Mélangez 2 tasses de vinaigre de cidre dans 2 tasses d'eau. Appliquez sur les brûlures avec du coton pour soulager la douleur. Répétez aussi souvent que nécessaire pour maintenir la peau humide et évitez les cloques et la pelade disgracieuses.

Vous pouvez aussi ajouter une tasse de vinaigre de cidre à l'eau de votre bain pour calmer la brûlure.

Vinaigre de cidre aux pétales de roses et de soucis

Si vous avez un jardin, préparez un vinaigre apaisant à la rose et au souci. Remplissez un bocal de verre stérilisé à l'eau bouillante avec des pétales de roses et de soucis fraîchement cueillis. Recouvrez de vinaigre chaud et laissez reposer à l'abri de la lumière pendant 15 jours. Filtrez et mettez en bouteille. En été, vous pouvez mettre un mélange d'1 part de vinaigre pour 2 parts d'eau déminéralisée dans un vaporisateur pour calmer les coups de soleil.

Vous pouvez aussi ajouter 1 tasse à l'eau de votre bain.

Coupures et blessures

Dans les armées de César, la ***posca****, mélange d'eau et de vinaigre n'est pas seulement la boisson immortalisée par un légionnaire qui l'a offerte au célèbre crucifié que l'on connaît. C'est la boisson de base des légionnaires romains. Grâce à la* ***posca*** *qui leur évite ennuis gastriques et fièvres dangereuses, ils vont conquérir le Bassin Méditerranéen. C'est leur complément alimentaire, leur désinfectant culinaire et cutané utilisé pour neutraliser les piqûres de serpents, ou pour nettoyer leurs plaies après la bataille – une pratique qui perdure jusqu'à la 1re guerre mondiale.*

Hippocrate le propose dans une préparation pour désinfecter les ulcères variqueux et Pline l'ancien préconise du vinaigre chaud pour désinfecter les morsures de chiens non enragés et le Satiricon s'en sert pour nettoyer ses plaies après avoir été sauvagement attaqué par une oie. Dans son ***Canon de la médecine****, Avicenne vante, entre autres, ses vertus coagulantes.*

À la même époque, à l'autre bout du monde, le chinois Sung Tse, vénérable inventeur de la médecine légale au Xe siècle, recommande de se laver les mains avec un mélange de soufre et de vinaigre pour éviter les infections pendant les autopsies. Quatre siècles plus tard, son honorable confrère Chia Ming[37] souligne l'importance de prévenir la maladie plutôt que de la guérir.

37. *Yin shih Hsu chih*, Connaissance essentielle du manger et du boire.

En Italie, avant de devenir l'un des fleurons de la gastronomie, le vinaigre balsamique était vendu dans les pharmacies pour désinfecter et favoriser la cicatrisation des coups d'épées.

*Son nom – **balsam** ou baume – indique ses vertus médicinales. Il était également prescrit comme remontant, pour soigner les nerfs et comme traitement préventif de la peste. Pendant l'épidémie de 1630, le Duc de Modène Francesco IV ne quittait jamais son château sans son pichet de vinaigre pour purifier l'air de son carrosse. Dans son ouvrage sur l'art et la manière de contrôler et prévenir la peste bubonique[38], l'historien Ludovico Antonio Muratori suggère que plusieurs vinaigres aromatiques pourraient être des antidotes efficaces. De l'autre côté des Alpes, on préconise le même remède.*

D'autant plus volontiers qu'il a, selon la légende, été dûment testé ***in situ*** par quatre dévaliseurs de malades et détrousseurs de cadavres. Les malfrats, qui s'inondaient d'un vinaigre aromatique dont ils gardaient jalousement le secret, n'ont jamais attrapé la terrible maladie. C'est la justice qui les a attrapés ! Toujours selon la légende, ils n'ont eu la vie sauve qu'en échange de leur recette rebaptisée depuis « Le Vinaigre des quatre voleurs ».

Et c'est ainsi que cet antiseptique est tombé dans le domaine public pour devenir LE désinfectant de référence. Stendhal, par exemple, s'inonde de vinaigre des quatre voleurs pour traverser les marais Pontins. La ***pharmacopée de Paris*** en donne la recette : « Prenez sommités récentes de grande absinthe, de petite absinthe, de romarin, de sauge, de rue, de chacun une once & demie ; fleurs de lavande sèche, deux onces ; ail, deux onces ; acorus vrai, cannelle, girofle, noix muscade, deux gros ; ***bon vinaigre, huit livres*** ; macérez à la chaleur du soleil, ou au feu de sable, dans un matras bien bouché, pendant deux jours, exprimez fortement & filtrez, & alors ajoutez camphre dissous dans l'esprit-de-vin, demi - once. »

38. Ludovico Antonio Muratori (1672-1750) : *Del governo della peste e delle maniere di guardarsene,* 1707.

On sait aujourd'hui que les puces de rats qui transmettent la peste ont une sainte horreur du vinaigre. Et que l'acide acétique qu'il contient est un excellent désinfectant notamment contre les vilaines bactéries de la famille des salmonelles et l'E-coli[39].

Vinaigre et eau

Nettoyez la plaie avec ce mélange.

Vinaigre et bicarbonate

Si la blessure est très sale, il ne vous reste plus qu'à serrer les dents et utiliser les grands moyens: saupoudrez de bicarbonate sur la coupure ou la blessure au-dessus d'une cuvette d'eau chaude. Versez du vinaigre sur le bicarbonate et une fois que le mélange a fini de mousser, trempez la blessure dans l'eau. N'hésitez pas à mordre violemment le manche d'une cuiller en bois comme les cow-boys si vous en éprouvez le besoin.

Courbatures

Si vous souffrez des courbatures ordinaires, torticolis, nuque douloureuse ou autres muscles en compote, sirotez votre cocktail habituel dans un bon bain vinaigré. Ça devrait vous soulager.

Vinaigre de cidre

Versez 3 bonnes tasses de vinaigre de cidre dans un bain très chaud et détendez-vous pendant une bonne demi-heure.

Vinaigre et piment

Vous pouvez aussi vous massez avec la lotion au piment dont vous trouverez la recette sous la rubrique ***Arthrite***.

39. Sengun IY, Karapinar M ; Effectiveness of household natural sanitizers in the elimination of Salmonella typhimurium on rocket (Eruca sativa Miller) and spring onion (Allium cepa L.), *Int J Food Microbiol.* 2005 ; 98 : 319-323. Lukasik J, Bradley ML, Scott TM, Dea M, Koo A, Hsu WY, Bartz JA, Farrah SR : Reduction of poliovirus 1, bacteriophages, Salmonella montevideo, and Escherichia coli O157 : H7 on strawberries by physical and disinfectant washes, *J Food Prot.* 2003 Feb ; 66 (2) : 188-93. Vijayakumar C, Wolf-Hall CE : Evaluation of household sanitizers for reducing levels of Escherichia coli on iceberg lettuce, *J Food Prot.* 2002 ; 65 : 1646-1650. Entani E, Asai M, Tsujihata S, Tsukamoto Y, Ohta M : Antibacterial action of vinegar against food-borne pathogenic bacteria including Escherichia coli O157 : H7, *J Food Prot.* 1998 Aug ; 61 (8) : 953-9.

Vinaigre, œuf et térébenthine

Préparez un bon vieux liniment qui requinquera les muscles fatigués des cavaliers et de leurs montures. Et de tous les autres bipèdes et quadrupèdes à la musculature en compote. Mélangez vigoureusement 1 œuf avec 1 tasse de vinaigre et une tasse de térébenthine et appliquez sur les parties endolories. Recouvrez d'une gaze puis d'un beau bandage en épi.

Crampes

Les heureux mortels qui ne se sont jamais réveillés au milieu de la nuit avec une crampe au mollet n'imaginent pas combien elles sont douloureuses. Un manque d'étirement, la déshydratation, un excès d'acide lactique, un manque de potassium, un déséquilibre entre le calcium et le magnésium peuvent les provoquer. Pour les éviter, au lit comme sur un terrain de sport, prenez le cocktail habituel.

Vinaigre de cidre et miel

Mélangez 2 cuillers à café de vinaigre de cidre et 1 cuiller à café de miel dans 1 verre d'eau chaude ou froide trois fois par jour.

Et complétez avec une compresse au vinaigre : trempez un linge dans un mélange d'eau et de vinaigre. Passez le linge au micro-onde pour le chauffer et poser sur la partie endolorie.

Démangeaisons, irritations cutanées

Dioscoride, lui aussi grand fan de vinaigre, en fait de grands éloges pour soulager les érésipèles et les démangeaisons de la peau. Il conseille également le vinaigre additionné de sel pour se débarrasser des croûtes. Plutôt que de vous gratter jusqu'au sang, calmez la douleur avec du vinaigre.

Vinaigre de cidre

Remplacez le savon par 1 cuiller à café de vinaigre dilué dans ½ tasse d'eau. Vous pouvez aussi ajouter 1 tasse de vinaigre à l'eau de votre bain.

Vinaigre et camomille

Faites infuser 5 cuillers à soupes de fleurs de camomille dans 2 tasses d'eau bouillante pendant ¼ heure. Ajoutez 1 cuiller à soupe de vinaigre. Lotionnez vos bobos 3 fois par jour.

Vinaigre et sauce de soja

Mélangez en quantités égales vinaigre et sauce de soja pour appliquer sur les démangeaisons.

Oaky : Vinaigre de chêne (Voir Toxines)

Appliquez l'oaky, pur ou dilué. sur vos démangeaisons.

Dépression

Prescrire du vinaigre pour traiter la dépression peut sembler plutôt ***space****, mais la médecine chinoise voit dans la dépression un chamboulement de l'activité émotionnelle normale*[40] *dû à un foie « stagnant » ou fatigué. Le* ***qi*** *du foie – sa force vitale – est déprimé. Dans ce cas, le vinaigre peut contribuer à soigner la dépression en aidant à détoxiner le foie.*

Vinaigre de riz, ail et miel

Soignez votre moral avec la recette dont vous trouverez les détails sous la rubrique ***Cholestérol***.

Prenez 2 cuillers à café du précieux liquide dans un verre d'eau froide ou chaude deux fois par jour.

Ce remède est également recommandé pour stimuler les défenses immunitaires, éviter la constipation, prévenir le cholestérol et les problèmes cardio-vasculaires, faciliter le sommeil et vous faire une peau de rêve.

40. Wiseman N, Ye F : A Practical Dictionary of Chinese Medicine, Brookline, MA : *Paradigm* ; 1998:123.

Déshydratation

Hippocrate connaissait l'importance de la nutrition dans la prévention et la guérison de la maladie. « Que ta nourriture soit ton médicament » disait le bon docteur à ses patients. Il avait même découvert comment alimenter des malades par d'autres voies que le tube digestif. Bien avant la découverte des intraveineuses, il recommandait l'administration de diverses mixtures par voie rectale ou sublinguale. La médecine Byzantine, digne descendante d'Hippocrate, traitait la déshydratation avec des lavements à base de vinaigre, de miel et de camomille.

Vinaigre de cidre et miel

Mélangez 2 cuillers à café de vinaigre de cidre et 1 cuiller à café de miel dans 1 verre d'eau chaude et buvez.

Vinaigre, miel ou sucre et sel

N'attendez pas d'être déshydraté pour boire. Pour prévenir et guérir la déshydratation, prenez la solution de réhydratation ci-après : Diluez 2 cuillers à soupe de vinaigre, 1 cuiller à soupe de sucre ou de miel et 1 cuiller à café de sel dans 1 litre d'eau ou de jus d'orange et buvez à petites gorgées.

Diabète

La pharmacopée folklorique favorise le vinaigre. Une thérapeutique confirmée depuis peu par différentes études[41] – dont des études américaines, suédoises et chinoises – démontrent que deux cuillers à soupe de vinaigre prises dans de l'eau ou incorporées à une bonne vinaigrette ralentissent les pics de sucre sanguin après un repas riche en féculents. Une bonne nouvelle pour les diabétiques de type 2, chez qui des pics d'insuline excessifs peuvent engendrer des complications, dont les maladies cardiaques.

De plus, les chercheurs suédois signalent qu'en prime, leurs cobayes éprouvaient une sensation de satiété – un avantage non négligeable pour les petits gloutons qui veulent perdre du poids. Avant ou pendant les repas, diluez deux cuillers à soupe de vinaigre dans un grand verre d'eau ou faites une vinaigrette avec la même quantité de vinaigre.

Vinaigre de riz et ail

Vous pouvez aussi tester cette recette chinoise d'ail macéré dans du vinaigre de riz dont la recette figure sous la rubrique ***Arthrite***.

Mélangez 2 cuillers à café de cette potion dans un verre d'eau froide ou chaude deux fois par jour. Évitez de la prendre à jeun si vous avez des problèmes d'estomac.

Oaky : Vinaigre de chêne (Voir Toxines)

En Asie, on recommande 2 ml dans 1 verre d'eau après les 3 principaux repas pendant plusieurs mois.

41. Leeman M, Ostman E, Bjorck I : Vinegar dressing and cold storage of potatoes lowers postprandial glycaemic and insulinaemic responses in healthy subjects, *Eur J Clin Nutr*. 2005 ; 59 : 1266-1271. Johnston CS, Buller AJ : Vinegar and peanut products as complementary foods to reduce postprandial glycemia, *J Am Diet Assoc*, 2005 ; 105,1939-1942. Johnston C, Kim C, Buller A : Vinegar improves insulin sensitivity to a high-carbohydrate meal in subjects with insulin resistance or diabetes. *Diabetes Care* 27 : 281-282, 2004. Boudreau, D : A spoonful of vinegar helps the sugar go down. ASU Research 14 (Fall) : 16, 2004. Östman EM, HGML Elmståhl & IME Björck : Inconsistency between glycemic and insulinemic responses to regular and fermented milk products. *American Journal of Clinical Nutrition* 74 (July) : 96-100, 2001. Ogawa N, Satsu H, Watanabe H, Fukaya M, Tsukamoto Y, Miyamoto Y, Shimizu M : Acetic acid suppresses the increase in disacchatidase activity that occurs during culture of Caco-2 cells. *J Nutr* 130 : 507-513, 2000. Fushimi T, Tayama K, Fukaya M, Kitakoshi K, Nakai N, Tsukamoto Y, Sato Y : Acetic acid feeding enhances glycogen repletion in liver and skeletal muscle of rats. *J Nutr* 131 : 1973-1977, 2001. Liljeberg H, Bjorck I : Delayed gastric emptying rate may explain improved glycemia in healthy subjects to a starchy meal with added vinegar, *Eur J Clin Nutr*, 1998 ; 64 : 886-893. Brighenti F, Castellani G, Benini L et al : Effect of neutralized and native vinegar on blood glucose and acetate responses to a mixed meal in healthy subjects, *Eur J Clin Nutr*, 1995 ; 49 : 242-247. Ebihara K, Nakajima A : Effect of acetic acid and vinegar on blood glucose and insulin responses to orally administered sucrose and starch, *Agric Biol Chem*. 52 : 1311-1312, 1988.

Vous pourrez aussi l'utiliser à titre préventif pour rester en forme et pour stimuler les défenses immunitaires. En Chine, il fait partie de la panoplie contre le rhume, la grippe, la fatigue et le stress, l'obésité, les hémorroïdes, l'arthrite, les problèmes cardiaques, l'hépatite virale, la tuberculose, les parasites intestinaux, la dysenterie.

Vinaigre de riz et haricots secs

Puisez dans la pharmacopée asiatique et testez cette recette détaillée sous la rubrique ***Cholestérol***, et prenez trois haricots six fois par jour.

Également utilisée en Asie contre le cholestérol, l'hypertension, les problèmes de poids, pour donner une belle peau et contre le vieillissement.

Diarrhée

Que vous soyez frappé par la gastro, la turista, la vengeance de Montezuma ou le tango tanzanien, appelez le vinaigre à la rescousse. À titre préventif, lavez les aliments avec du vinaigre d'alcool – ses vertus antibactériennes contre les peu sympathiques salmonelles et l'E-coli[42] *sont reconnues, entre autres, dans l'industrie alimentaire – et buvez votre cocktail habituel. Si le mal est fait et que vous êtes frappé par la diarrhée, le vinaigre vous permettra de rectifier le désastre rapidement.*

Vinaigre de cidre

Prenez immédiatement une cuiller à café de vinaigre pur. Puis brossez-vous les dents.

42. Sengun IY, Karapinar M ; Effectiveness of household natural sanitizers in the elimination of Salmonella typhimurium on rocket (Eruca sativa Miller) and spring onion (Allium cepa L.), *Int J Food Microbiol.* 2005 ; 98 : 319-323. Lukasik J, Bradley ML, Scott TM, Dea M, Koo A, Hsu WY, Bartz JA, Farrah SR : Reduction of poliovirus 1, bacteriophages, Salmonella Montevideo, and Escherichia coli O157 : H7 on strawberries by physical and disinfectant washes, *J Food Prot.* 2003 Feb ; 66 (2) : 188-93. Vijayakumar C, Wolf-Hall CE : Evaluation of household sanitizers for reducing levels of Escherichia coli on iceberg lettuce, *J Food Prot.* 2002 ; 65 : 1646-1650. Entani E, Asai M, Tsujihata S, Tsukamoto Y, Ohta M : Antibacterial action of vinegar against food-borne pathogenic bacteria including Escherichia coli O157 : H7, *J Food Prot.* 1998 Aug ; 61 (8) : 953-9.

Vinaigre et miel

Diluez 1 cuiller à café de vinaigre de cidre et 1 cuiller à café de miel dans 1 verre d'eau 6 fois par jour. Les diabétiques feront l'impasse sur le miel.

Vinaigre de cidre, sucre ou miel et sel

Pour éviter de vous déshydrater vous pouvez aussi opter pour la solution de réhydratation salée sucrée. Diluez 2 cuillers à soupe de vinaigre, 1 cuiller à soupe de sucre et 1 cuiller à café de sel dans 1 grand verre d'eau ou de jus d'orange.

Digestion difficile

L'histoire ne dit pas si grâce à leur régime les Spartiates étaient épargnés par les affres des digestions difficiles, mais le reste de l'humanité semble en souffrir depuis la nuit des temps. Tous les textes médicaux de l'Antiquité à nos jours proposent des millions de remèdes pour faciliter le douloureux processus. Le vinaigre figure en bonne place dans la panoplie des praticiens antiques.

Hippocrate recommandait des graines de moutarde noire broyées avec du vinaigre en cataplasme pour les problèmes digestifs. Avicenne jurait par ses propriétés apéritives et digestives. Les personnages de Rabelais consomment force vinaigre pour éviter les indigestions : « Et ensuite ils firent grande chère avec beaucoup de vinaigre ! Au diable celui qui se modérait ! C'était une fête que de les voir s'empiffrer ! » Les recherches récentes (voir diabète) donnent raison.

En prévention

Si vous avez l'intention de faire des excès ou que vous avez un peu de mal à digérer certains aliments, n'attendez pas de souffrir : prenez 2 cuillers à café de vinaigre dans un verre d'eau une demi-heure avant le repas. Si vous n'aimez pas le goût du vinaigre de cidre, ajoutez un peu de miel, sauf si vous êtes diabétique ou que vous surveillez votre poids, buvez le breuvage pendant le repas.

Si vous souffrez de brûlures d'estomac, buvez lentement 2 cuillers à soupe de vinaigre de cidre dilué dans 1 verre d'eau pendant le repas, avec ou sans miel comme ci-dessus.

Pour réparer les dégâts

Vinaigre, bicarbonate et sucre ou miel

Aux premiers signes de lourdeur, mélangez ½ cuiller à café de bicarbonate, ½ cuiller à café de sucre, 1 cuiller à soupe de vinaigre ou de citron dans ½ verre d'eau et buvez pendant que ça pétille. Ajoutez 1 aspirine si vous avez mal à la tête.

Vinaigre de cidre au gingembre

Faites comme les Asiatiques, épluchez et émincez une racine de gingembre frais et mettez-la dans une bouteille de vinaigre de cidre. Laissez macérer pendant 2 mois avant de vous en servir pour assaisonner vos plats et éradiquer vos embarras gastriques.

En cas d'indigestion, diluez 1 cuiller à soupe de vinaigre au gingembre et 1 cuiller à soupe de miel dans une tasse d'eau bouillante et buvez lentement.

Vinaigre de cidre, menthe et graines de fenouil

Préparez ce tonique digestif avec du gingembre, des feuilles de menthe fraîche et des graines de fenouil. Utilisez la quantité que vous voulez en prenant les mêmes quantités pour ces trois ingrédients. Épluchez et coupez le gingembre en morceaux. Mettez-le dans un mixeur avec la menthe et les graines de fenouil. Recouvrez de vinaigre et mixez pour tout réduire en liquide. Versez dans un bocal ébouillanté. Fermez hermétiquement et laissez macérer à l'abri de la lumière pendant 2 semaines. Filtrez et mettez en bouteille. Prenez 1 cuiller à soupe dans un grand verre d'eau dans les moments difficiles.

Vinaigre de cidre et piment

L'herboriste Nicholas Culpeper décrit le piment comme « ce fruit violent » qui était d'une grande utilité pour faciliter la digestion, provoquer l'urine, soulager les maux de dent, préserver les dents du pourrissement, apporter du réconfort à un coup de froid sur l'estomac, expulser le caillou des reins et redonner une bonne vue.

Prenez une cuiller à café du tonique au piment – dont vous trouvez la recette sous la rubrique ***Circulation*** – dans un verre d'eau.

Vinaigre de riz et romarin

Pour cet autre classique asiatique, il vous faut 1 litre de vinaigre de riz et 500 gr de feuilles de romarin frais.
Lavez soigneusement les feuilles de romarin et laissez-les sécher à l'air. Mettez-les dans un bocal de verre et recouvrez-les entièrement avec le vinaigre. Fermez hermétiquement et laissez macérer pendant deux mois.

Prenez deux cuillers à café dans un verre d'eau froide ou chaude matin et soir.
Cet excellent antioxydant donne du peps aux vinaigrettes, favorise la digestion, soulage les maux de tête, lutte contre le vieillissement et donne un teint éclatant.

Vinaigre et thé vert

Pour soulager les indigestions des gros gloutons : mettez 15 ml de vinaigre et 1 cuiller à café de thé vert dans une tasse et ajoutez de l'eau bouillante. Infusez 5 minutes, filtrez et divisez en trois doses à prendre à 1 heure d'intervalle.

Oaky : Vinaigre de chêne (Voir Toxines)

Rien de tel qu'un peu d'Oaky pour calmer les problèmes digestifs : 5 à 8 ml dans un verre d'eau.

Eczéma

L'eczéma, du grec ébullition, doit son nom à Hippocrate. Selon Nicholas Culpeper, un mélange de farine d'orge, de sel, de miel et de vinaigre étalé sur l'irritante éruption, apportait un soulagement rapide et certain.

En usage externe, le vinaigre calme les démangeaisons causées par l'eczéma, l'urticaire, le psoriasis et autres bobos parce que son pH est pratiquement le même que celui de la peau.

Pour avoir la peau douce, remplacez le savon par du vinaigre. Diluez 1 part de vinaigre dans deux parts d'eau et frottez-vous le corps avec ce mélange.

Vinaigre de cidre et huile

Pour calmer les démangeaisons de l'eczéma, versez une bonne rasade de vinaigre de cidre dans votre bain, une petite rasade d'huile pour bébé et jetez-vous dans cette vinaigrette. La quantité de vinaigre dépend de la gravité de l'eczéma.

Et complétez en buvant le cocktail habituel.
Pour l'eczéma sur les mains : plongez les mains dans du vinaigre chaud pendant dix minutes deux fois par jour.

Oaky : Vinaigre de chêne (Voir Toxines)

Appliquez l'oaky, pur ou dilué. sur vos démangeaisons.

Engelures

*Dans le film de Raoul Walsh, **Du sang sur la Neige**, Errol Flynn, recommande de tuer des lapins, de les évider et d'envelopper les pieds gelés dans les peaux encore chaudes pour lutter contre les engelures. C'est terriblement barbare, mais dans le Grand Nord, la vie n'est pas facile pour les humains et encore moins pour les lapins.*

Au XVIIe siècle, par les périodes de grand froid, le vinaigrier Maille, installé à Dijon, faisait distribuer de la moutarde aux pauvres de la ville pour soigner leurs engelures. L'histoire ne dit pas s'ils n'en profitaient pas pour assaisonner les lapins. Quant aux malheureux qui n'avaient ni lapin ni moutarde, il ne leur restait plus qu'à prier saint Pancrace.

Avant d'entreprendre quoique ce soit, commencez par passer les parties gelées sous l'eau froide, puis essayez le remède suivant :

Vinaigre et sel

Faites chauffer du vinaigre avec du sel. Appliquez-le aussi chaud que possible sur les parties gelées. Vous pouvez aussi donner un bain à vos pieds ou vos mains dans un mélange tiède d'eau, de vinaigre et de sel. Terminez par un petit massage à l'huile d'olive.

Vinaigre et piment

Au Japon et en Chine on utilise une lotion au piment pour soigner les engelures. Massez avec la lotion dont vous trouverez la recette sous la rubrique ***Arthrite***. Si vous craignez d'avoir froid aux mains et aux pieds, saupoudrez un peu de piment de Cayenne en poudre – seul ou mélangé à du talc – dans vos chaussettes et vos gants.

Entorse et foulure

Les médecins médiévaux recommandaient un emplâtre de pommes sauvages fermentées sur les foulures et les entorses. Le vinaigre est tout aussi efficace pour soulager et faire désenfler ces blessures.

Commencez toujours par appliquer des packs de glace avant de faire les autres traitements.

Vinaigre

Trempez un linge dans du vinaigre, enveloppez-le autour de votre cheville ou de votre poignet. Recouvrez avec un film étirable et faites un bandage pour la nuit.

Vinaigre et sauge

Froissez une poignée de feuilles de sauge fraîches et mettez-les à bouillir dans 150 ml de vinaigre, réduisez et laissez frémir pendant 5 minutes. Versez le liquide sur un linge et appliquez en compresse sur la partie blessée aussi chaude que possible.

Vinaigre et argile

Mélangez du vinaigre chaud avec de l'argile et appliquez en cataplasme sur votre entorse ou votre foulure. Recouvrez d'un linge. Rincez au bout d'une heure.

Érythème fessier

Pour soulager votre bébé, ajoutez un peu de vinaigre de cidre dans l'eau de son bain.

Fatigue

« Le vinaigre militaire coulait sur les barbes non rasées » écrit Flaubert dans ***La Tentation de Saint Antoine****. L'acétique breuvage était la boisson dopante des guerriers. Jules César et George Washington en donnaient à leurs troupes avant la bataille. Et les samouraïs se préparaient un petit* ***tamago-su*** *de derrière les fagots avant de partir au combat. Cette boisson à base d'œuf et de vinaigre n'est pas pour les mauviettes mais c'est un remontant du tonnerre de dieu.*

Les Chinois se concoctaient un mélange de vinaigre et d'ail avec les mêmes résultats. Le Dr Hans Adolph Krebs a démontré, entre autres, les effets anti-fatigue du vinaigre et a obtenu le prix Nobel pour ses travaux en 1953. D'autres études le confirment, dont une faite récemment au Japon[43] qui conclut que la prise de vinaigre de riz pendant un mois améliorait les performances sportives.

Vinaigre et miel

Un petit coup de barre ? Prenez vite votre petit cocktail habituel.

43. Kagoshima University.

Un grand coup de barre ?

Vinaigre de cidre, bicarbonate, miel et piment de Cayenne

Dans une tasse d'eau chaude, diluez 2 cuillers à soupe de vinaigre, 1/8 de cuiller à café de bicarbonate, 2 cuillers à café de miel et une pincée de piment. Mélangez bien en évitant de vous pencher au-dessus du verre pendant que ça pétille. Buvez lentement.

Vinaigre de riz et ail

Pour retrouver la forme préparez le fameux tonique chinois dont la recette se trouve sous la rubrique ***Arthrite***. Prenez 2 cuillers à soupe du tonique avec 1 cuiller à soupe de miel trois fois par jour.

Dans la pharmacopée chinoise, ce tonique est également utilisé pour prévenir les maladies et pour traiter les rhumes et les toux, la fatigue et le stress, les hémorroïdes, les problèmes cardiaques, l'hépatite virale, la tuberculose, la dysenterie, les parasites intestinaux.

Vinaigre de riz, ail et miel

Pour chasser la fatigue et le stress, fabriquez-vous un tonique japonais dont vous trouverez la recette sous la rubrique ***Cholestérol***. Prenez 2 cuillers à café de la mixture dans un verre d'eau froide ou chaude deux fois par jour.

Une fois que vous aurez retrouvé la forme, et pour la garder, prenez une cuiller à café dans un verre d'eau après les repas. Vous pouvez aussi mélanger une cuiller de ce tonique à votre vinaigrette ou l'ajouter aux pâtes ou au riz mais ne le faites pas cuire parce que cela détruirait ses propriétés.

Ce remède est également recommandé pour prévenir le cholestérol, l'hypertension, stimuler les défenses immunitaires, soulager la dépression, éviter la constipation, faciliter le sommeil et vous faire une peau de rêve.

Vinaigre, lavande, romarin, sauge et thym

Préparer un tonique avec ces quatre plantes riches en flavonoïdes[44] selon la recette pour les vinaigres aux herbes indiquées sous la rubrique ***Ostéoporose***.

Prenez 1 cuiller à soupe de ce vinaigre 2 ou 3 fois par jour, dans un verre d'eau ou dans vos recettes de cuisine.

Il est aussi antioxydant, anti-inflammatoire, anti-allergique anti-vieillissement, antimicrobien et antifongique.

Vinaigre de riz, lait et miel

Essayez ce remède japonais dont vous trouverez la recette sous la rubrique ***Allergies***. Prenez 1 verre de ce mélange matin et soir.

Excellent aussi en période de croissance et pour lutter contre les allergies.

Vinaigre et œuf *tamago-su*

Prenez le remontant des samouraïs dont la recette figure sous la rubrique ***Arthrite***. Prenez une tasse à saké du liquide trois fois par jour après les repas.

Conservez-le au réfrigérateur et ne le secouez pas.

Le *tamago-su* est également utilisé pour traiter le diabète de type 2, le cholestérol, l'hypertension, la constipation, l'arthrite, stimuler l'immunité et comme breuvage anti-âge.

Vinaigre et épices

Il vous faut ¼ de tasse de gingembre frais râpé, ¼ de tasse d'oignon émincé, ¼ de tasse de feuilles de romain frais, 1/8 de tasse de feuilles de sauge fraîche, 1/8 de tasse de raifort frais râpé, 4 tranches de citron bio, 4 tranches d'orange bio, 4 gousses d'ail épluchées, 2 piments de Cayenne. Mettez le tout dans 1 bocal hermétique et recouvrez avec 3 fois plus de vinaigre de

---

44. Panizzi L, Flamin G, Cioni PL, Morelli I : Composition and antimicrobial properties of essential oils of four Mediterranean Lamiaceae, *Journal of Ethnopahrmacology* 1993 ; 39 : 167-170. Ielpo MTL et al : Immunopharmacological properties of flavonoids, *Fitoterapia* 2000 ; 71 : S101-S109. Cos P et al : Cytotoxicity and lipid peroxidation-inhibiting activity of flavonoids, *Planta Med* 2001 ; 67 : 515-519.

cidre. Recouvrez avec du film étirable puis avec un couvercle. Fermez hermétiquement et agiter tous les jours pendant 1 mois. Conservez à température ambiante à l'abri de la lumière. Filtrez dans un linge et pressez ce linge pour extraire le maximum de liquide. Mettez le vinaigre en bouteille. Ajoutez du miel selon votre goût. Ajoutez 1 ou 2 cuillers de ce vinaigre qui décoiffe à vos vinaigrettes, soupes, sauces ou marinades.

Vous pouvez compléter le traitement anti-fatigue ou antistress par un bon bain au vinaigre.

Fièvre

Pour faire baisser la fièvre, un remède de bonne femme classique consiste à mettre des compresses trempées dans un mélange moitié eau moitié vinaigre sur les chevilles, les poignets et le front.

Le père Sebastian Kneipp conseille de tremper des chaussettes dans 2 tasses de vinaigre mélangé à 2 tasses d'eau et d'enfiler ces chaussettes vinaigrées au malade. N'attendez pas que les chaussettes sèchent. Trempez-les régulièrement dans le vinaigre et remettez-les au malade.

Il recommande aussi une friction du corps au vinaigre avant de se coucher bien au chaud.

Le vinaigre rosat

Dans leur Dictionnaire Raisonné des Sciences, des Arts et des Métiers (1751-1757), Diderot et d'Alembert affirment que « Le vinaigre rosat, mêlé avec de l'eau de roses, un peu de nitre & de camphre, compose un épithème propre dans les fièvres aiguës & les hémorragies du nez. »

Pour préparer ce vinaigre, versez un litre de vinaigre, blanc ou rouge, sur 100 grammes de pétales de roses rouges sèches dont vous aurez ôté la base (l'onglet). Laissez macérer 15 jours dans un bocal fermé, en ayant soin de l'agiter de temps en temps.

Flatulences

Si ce problème provient des féculents, faites tremper et cuire les légumineuses dans de l'eau vinaigrée.

Fringales

Les belles de l'Antiquité prenaient un grand verre d'eau additionnée de vinaigre pour tromper leur faim. Depuis les vertus satiogènes du vinaigre ont été démontrées[45].

Vinaigre et eau gazeuse

Avant les repas ou à tout moment pour tromper votre faim, prenez un grand verre d'eau gazeuse additionnée d'une cuiller à café de vinaigre.

Furoncles

Apparemment, les furoncles sont parfois des châtiments divins. La sixième plaie d'Égypte est une épidémie de furoncles et le pauvre Job est puni avec des furoncles. Les médecins arabes appliquaient des cataplasmes de vinaigre chaud sur ces horribles pustules. Nicholas Culpeper recommandait un fort galant remède à base de feuilles de sauges bouillies dans un peu de vinaigre et de miel à appliquer sur l'objet du délit.

Vinaigre et miel

Mélangez une cuiller à soupe de vinaigre et une cuiller à soupe de miel dans une tasse d'eau chaude et buvez deux fois par jour. Si le furoncle ne bat pas en retraite passez au plan B et faites des cataplasmes.

45. E Östman, Y Granfeldt, L Persson & I Björck : Vinegar supplementation lowers glucose and insulin responses and increases satiety after a bread meal in healthy subjects, *European Journal of Clinical Nutrition*, 2005 59, 983 – 988.

Vinaigre d'alcool et ail

Passez quelques gousses d'ail au presse-ail et mélangez avec du vinaigre d'alcool. Faites un cataplasme sur le furoncle pour le faire mûrir. Une fois qu'il est vidé, désinfectez soigneusement la plaie.

Vinaigre et curcuma ou gingembre

Du curcuma ou du gingembre en poudre s'avèrent très efficaces en cataplasme. Mélangez 1 cuiller à café de curcuma ou de gingembre avec un peu d'eau et du vinaigre d'alcool. Tartinez cette pâte sur le furoncle, recouvrez d'un sparadrap. Une fois le furoncle vidé, désinfectez soigneusement la plaie.

Vinaigre de cidre, ail, oignon, gingembre et piment de Cayenne

Un remède de cheval puissant. Mauviettes s'abstenir.

Écrasez 1 gousse d'ail et 1 oignon frais ou la moitié d'une échalote. Ajoutez 1 cuiller à soupe de vinaigre de cidre, 1/8 de cuiller à café de piment et ½ cuiller à café de gingembre en poudre et mélangez soigneusement. Ne prenez jamais cette mixture l'estomac vide. Asseyez-vous, cramponnez-vous à la table et avalez.

Gingivite

*Le **Banckes' Herbal**, ouvrage de référence anonyme élisabéthain, recommande le vinaigre de menthe en bain de bouche pour soigner les gencives douloureuses et les aphtes. Aujourd'hui, on la remplace plutôt par de la sauge.*

Vinaigre

Pour soigner une gingivite, gargarisez-vous deux fois par jour pendant deux semaines avec un mélange d'eau et de vinaigre.

Vinaigre, sauge et miel

Pour soigner les gingivites et les maux de gorge, utilisez ce remède japonais. Mettez ½ tasse de vinaigre, une poignée de feuilles de sauge et deux cuillers à café de miel dans un récipient. Amenez à ébullition, réduisez et laissez frémir pendant 10 minutes. Filtrez et gargarisez-vous trois fois par jour avec cette mixture.

Vinaigre, sauge et sel

Vous pouvez aussi essayer la version salée en bains de bouche ou en gargarismes **mais ne l'avalez pas.**

Jetez 1 cuiller à café de sauge fraîche ou ½ cuiller à café de sauge séchée dans 1 tasse d'eau bouillante. Infusez 4 minutes et filtrez. Ajoutez ¼ de cuiller à café de sel et ½ cuiller à café de vinaigre. Faites des bains de bouche pour soulager les gencives douloureuses et les aphtes ou gargarisez-vous pour soulager les maux de gorge.

Goutte

Hippocrate explique que les personnes âgées qui souffrent de la goutte ont mené une vie dure et souffrent de constipation. Plus tard, du début de l'ère chrétienne au XXe siècle, les explications changent. Les spécialistes affirment que c'est une maladie due aux excès en tous genres: alcool, nourriture trop riche et débauche. On l'appelle d'ailleurs la maladie de rois. En France, 20 des 34 rois – Capet, Valois et Bourbons étaient goutteux. Quant à Sherlock Holmes, ce sont peut-être les souffrances provoquées par la goutte qui l'ont poussé à abuser de l'opium.

À Java, le traitement était plus brutal. Traditionnellement on frottait du piment sous les ongles des mains et des pieds des malades souffrant de goutte ou de rhumatismes. La sensation de brûlure était tellement insupportable pour la maladie qu'elle s'empresserait de se sauver en courant.

Vinaigre de cidre et miel

Pour la prévenir et la soulager, prenez deux cuillers à café de vinaigre de cidre et 2 cuillers à café de miel dans 1 verre d'eau à chaque repas. Patientez quelques semaines avant de constater une amélioration. Complétez avec un bain au vinaigre.

Vinaigre de cidre

Si vous souffrez d'un excès d'acide urique, d'articulations douloureuses, de goutte ou de tendinite, ajoutez 2 tasses de vinaigre à l'eau de votre bain et détendez-vous pendant ¾ heure.

Vinaigre et piment

Massez les parties douloureuses avec la lotion au piment dont vous trouverez la recette sous la rubrique ***Arthrite***.

Grippe

*Une fois de plus, notre ami Hippocrate avait clairement décrit les symptômes de la grippe. C'est aussi lui qui, le premier, a récupéré le terme **epidemios** utilisé dans le langage courant par des célébrités comme Homère, Sophocle, Platon, et Xénophon avec la signification « sur les gens » pour en faire un terme médical signifiant « ce qui circule ou se propage dans un pays ». Son nom médical d'influenza date du XIVe siècle et évoque l'influence des astres blâmés pour ces épidémies. Grippe par contre aurait une origine germanique, Grippen signifiant « **saisir brusquement** ». On n'attrape pas la grippe mais c'est elle qui vous agrippe !*

Donc avant que son virus ne vous agrippe, essayez quelques remèdes préventifs.

Vinaigre de riz et ail

Tester le tonique chinois à base d'ail macéré dans du vinaigre de riz dont la recette figure sous la rubrique ***Arthrite***.

Mélangez 2 cuillers à soupe de cette potion dans un verre chaud trois fois par jour, restez au chaud et reposez-vous.

Vous pourrez aussi l'utiliser à titre préventif pour rester et forme et pour stimuler les défenses immunitaires. En Chine, il fait partie de la panoplie anti-fatigue et stress, il est utilisé contre l'obésité, les hémorroïdes, l'arthrite, contre les problèmes cardiaques, l'hépatite virale, la tuberculose, les parasites intestinaux, la dysenterie.

Vinaigre de riz, miel et citrons

La recette de cette petite potion bien sympathique se trouve sous la rubrique ***Cholestérol***. Matin et soir prenez 2 cuillers à soupe du mélange que vous ajoutez à un verre d'eau froide ou chaude pour stimuler vos défenses immunitaires. Ce breuvage a la réputation de prévenir le cholestérol, la constipation, l'hypertension, les insomnies, le vieillissement et vous donne une jolie peau.

Vinaigre de riz et raisins

Pour préparer cet autre trésor des grands-mères japonaises, reportez-vous à la rubrique *Constipation*. Prenez deux cuillers à café dans un verre d'eau froide ou chaude matin et soir.

Cet antioxydant excellent pour la peau, lutte contre le vieillissement, la constipation et favorise le sommeil.

Vinaigre de riz et carambole

Vous pouvez remplacer le raisin par de la carambole. La recette se figure sous la rubrique constipation. Prenez deux cuillers à café dans un verre d'eau froide ou chaude matin et soir.

Il est excellent aussi pour soulager les maux de gorge, la constipation et faire une belle peau.

Vinaigre de riz, miel et tomates bios

Reportez-vous à la rubrique constipation pour la recette de ce remède.

Matin et soir prenez 2 cuillers à soupe du mélange dans un verre d'eau froide ou chaude. Il est également intéressant pour éviter la constipation, stimuler vos défenses, dormir comme un bébé, avoir une peau de bébé et lutter contre le vieillissement.

Vinaigre, miel et bardane

C'est un allié précieux. Vous trouverez la bardane en pharmacie. Pour la recette, voyez la rubrique ***Circulation***.

Prenez 1 ou 2 cuillers à soupe de ce vinaigre dilué dans un verre d'eau froide ou chaude matin et soir.
C'est aussi un veinotonique et un diurétique.

Vinaigre de cidre, piment de Cayenne et sel

Amener à ébullition ½ cuiller à café de piment et deux cuillers à soupe de ce mélange dans une tasse d'eau. Laissez refroidir, ajoutez 1 tasse de vinaigre de cidre et gargarisez.

Vinaigre de cidre, citron, piment de Cayenne, clou de girofle et miel

Infusez dans une tasse d'eau bouillante 1 cuiller à soupe de jus de citron, 1 cuiller à soupe de vinaigre, une pincée de piment, 1 clou de girofle et 2 cuillers à café de miel. Buvez toutes les deux heures.

Vinaigre, ail, gingembre, citron ou citron vert ou pamplemousse, piment de Cayenne et miel

Dans votre mixeur, mélangez le jus de 3 citrons jaunes ou verts ou d'1 pamplemousse, ajoutez 1 gousse d'ail épluchée, 2 cm de gingembre frais épluché, 1 pincée de piment, 1 cuiller à café de miel et 2 verres d'eau. Buvez lentement ce mélange santé.

Vinaigre et eau ou bicarbonate et eau

Essayez aussi des gouttes nasales mises au point contre le rhume et la grippe par les chercheurs de l'académie de médecine chinoise traditionnelle de Beijing qui déclarent un taux d'efficacité de 92-97 % sur plusieurs années[46].

Préparez une solution de 5 % de vinaigre ou de bicarbonate dans de l'eau bouillie et refroidie. (***Attention, c'est l'un ou l'autre, pas les deux***) et instillez 2 ou 3 gouttes dans chaque narine toutes les 3 heures, soit 6 fois par jour.

Prenez un bain très chaud additionné de deux tasses de vinaigre de cidre et mettez-vous au lit.

46. Anon., "Acid/Alkaline Therapy of Colds and Flu," *Zhongguo Zhongyao Zazhi, (Chinese Journal of Chinese Materia Medica)* 15 (5) : 5(1990).

Et si l'on en croit un magazine destiné au personnel de maison, pour terrasser les velléitaires virus grippaux, faites bouillir votre brosse à dents pendant une minute dans un mélange d'eau et de vinaigre.

Hémorroïdes

Le papyrus d'Ebers en parle. Quant au traité d'Hippocrate sur les hémorroïdes, il indique que le traitement fondamental de ces douloureuses afflictions n'a pas beaucoup changé. Si l'arthrite a causé la chute de l'empire romain, les hémorroïdes ont fait perdre la bataille de Waterloo à Napoléon. Ne les laissez pas vous gâcher la vie, attaquez-les avec du vinaigre.

Pour calmer les brûlures et les démangeaisons qu'elles provoquent, lotionnez les parties douloureuses avec un coton imbibé de vinaigre aussi souvent que nécessaire. Le vinaigre est un astringent naturel qui va désenfler les vaisseaux.

Vinaigre de riz et ail

Pour stopper les saignements, préparez le fameux tonique chinois dont la recette se trouve sous la rubrique ***Arthrite***. Prenez ½ verre du liquide après chaque repas jusqu'à ce que la crise soit passée. À titre préventif, prenez 1 cuiller à soupe après chaque repas. Dans la pharmacopée chinoise, ce tonique est également utilisé pour prévenir les maladies et pour traiter les rhumes et les toux, la fatigue et le stress, les problèmes cardiaques, l'hépatite virale, la tuberculose, la dysenterie, les parasites intestinales.

Herpès

L'histoire de l'herpès date de la Grèce antique, Hippocrate y fait allusion. Le mot signifie « ramper » et décrit la manière dont les Grecs percevaient la propagation de lésions cutanées. L'empereur romain Tibère confronté à une épidémie d'herpès labial à Rome, interdit le baiser pour se saluer.

La méthode du médecin Celsius est plus radicale ; il propose de cautériser les lésions au fer rouge. On n'a pas d'informations quant à l'efficacité de ces deux approches fort impopulaires.

Si vous n'avez rien d'autre sous la main, lotionnez l'herpès avec un coton imbibé de vinaigre pour calmer la douleur, le dessécher et le faire désenfler.

Hoquet

Pratiquement tout le monde a une recette pour arrêter le hoquet. Platon recommandait de se gargariser en retenant sa respiration. D'autres prescripteurs moins illustres, conseillent de tirer fermement les deux lobes d'oreille en même temps, vers le bas. Ou de mettre une paille dans un verre d'eau et de boire l'eau tout en pressant la pointe des index derrière les oreilles, dans le petit creux où le cou et la mâchoire se rencontrent. On peut aussi appuyer le pouce contre le petit doigt des deux mains et les maintenir en position verticale durant 10 ou 20 secondes ou encore respirer dans un sac en papier.

Vous pouvez aussi tremper un morceau de sucre dans du vinaigre et le croquer ou prendre 1 cuiller à café de vinaigre dans un verre d'eau.

Hypertension

À la fin du XVIIe siècle, à Sichuan vivait un moine bouddhiste de Sichuan très vieux. On attribue le secret de son incroyable longévité à une ration quotidienne de vinaigre aux herbes. Selon la légende, grâce à ce précieux liquide, il ne souffrait pas d'hypertension, n'avait jamais de rhume et échappait à toutes les épidémies. Dans l'armoire à pharmacie des grands-mères du monde entier, le vinaigre et l'ail figurent en bonne place.

Et c'est tant mieux, parce que depuis peu, les scientifiques[47] ont validé ces antiques prescriptions chez les rongeurs et chez les humains.

On sait que le potassium et autres oligo-éléments contenus dans le vinaigre sont bons pour les problèmes cardio-vasculaires[48]. Le pouvoir antioxydant[49] du vinaigre est important également.

Vinaigre de cidre

Deux cuillers à soupe de vinaigre de cidre dans 1 verre d'eau peuvent faire baisser la tension.

Vinaigre de riz et cacahuètes

Un remède chinois pour faire baisser la tension[50] et le cholestérol[51] et autres maladies cardio-vasculaires dont vous trouverez la recette sous la rubrique ***Cholestérol***.

Manger 10 cacahuètes matin et soir.
Ces cacahuètes au vinaigre soulagent aussi les maux de tête.

Vinaigre de riz et haricots de soja

Essayez la méthode japonaise dont vous trouverez la recette sous la rubrique ***Cholestérol***. Prenez 5 grains tous les jours, le matin ou pendant les repas.

---

47. Nakayama et al : Effects of *Kurozu* on risk factor of arteriosclerotic disease, *J Pharmacol Sci* (2006). Nakayama et al : Effects of unpollished rice vinegar (*Kurozo*) on risk factor of life style diseases in human, *J Pharmacol Sci* (2006). Honsho et al : A red wine vinegar beverage can inhibit the renin-angiotensin system : experimental evidence in vivo, *Biol Pharm Bull.* 2005 Jul ; 28 (7) : 1208-10. Kondo S et al : Antihypertensive effects of acetic acid and vinegar on spontaneously hypertensive rats, *Biosci Biotechnol Biochem* 2001 ; 65 : 2690-4.
48. Sadao Nakayama, Manami Nose, Kumiko Wada, Kazumi Nakayama, Hiroshi Shigehisa, Kazunobu Tokuda : Effects of Kurozu on risk factor of arteriosclerotic disease, *Journal of Pharmacological Sciences*, 100 : 169, 2006. Sadao Nakayama, Manami Nose, Kumiko Wada, Kazumi Nakayama, Hiroshi Shigehisa, Kazunobu Tokuda : Effects of unpollished rice vinegar (*Kurozu*) on risk factor of life style diseases in human, *Journal of Pharmacological Sciences*, 100 : 170, 2006.
49. Shimoji Y, Tamura Y, Nakamura Y, Nanda K, Nishidai S, Nishikawa Y, Ishihara N, Uenakai K, Ohigashi H : Isolation and identification of DPPH radical scavenging compounds in *Kurosu* (Japanese unpolished rice vinegar), *J Agric Food Chem.* 2002 Oct 23 ; 50 (22) : 6501-3.
50. Chen Chao, Li Zhang : Treatment of Hypertension by Vinegar Immersed Peanut, *Chinese folk medicine, Chinese naturopahty*, 2004/12.
51. Zhang Guiying, Bao-Gui Wang, Liu Ya, Zhao LIN Yi, Zhang Yu : Vinegar peanuts, the hypolipidemic effect compared vinegar Comparative Study on Effects of Vinegar Peanut and Vinegar on Lowing Lipid Level in Blood, *Journal of Jilin University (Medical Edition),* 2003/06

Cette recette japonaise est excellente contre le cholestérol, le diabète, l'obésité, le vieillissement et donne une jolie peau.

Vinaigre de riz, miel et citron

La recette figure sous la rubrique **Cholestérol**.
Matin et soir prenez 2 cuillers à soupe du mélange que vous ajoutez à un verre d'eau froide ou chaude pour faire baisser la tension.
Utilisé aussi pour prévenir la grippe, la constipation, favoriser le sommeil, ralentir le vieillissement et donner une belle peau.

Vinaigre et œuf *tamago-su*

Terrasser l'hypertension avec la recette des samouraïs dont la recette figure à la rubrique ***Anémie***.

Prenez une tasse à saké, du liquide trois fois par jour après les repas.

Le *tamago-su* est également utilisé en Asie pour traiter l'arthrite, le cholestérol, la constipation, le diabète de type 2, la fatigue, les problèmes de poids, pour stimuler l'immunité et comme breuvage anti-âge.

Hypotension

Pour soigner l'hypotension et stimuler le coeur Hildegarde de Bingen recommandait de préparer un tonique en faisant cuire 10 branches de persil dans 1 litre de bon vin et 2 cuillers à soupe de vinaigre pendant 10 minutes. Puis d'ajouter 1 verre de miel (250 g) et d'amener à ébullition pendant quelques secondes avant de filtrer le tout. Prenez 3 cuillers à soupe de ce tonique 3 fois par jour.

Impétigo

Jacques Dalibour, chirurgien dans l'armée de Louis XIV soignait l'impétigo – une infection de la peau due à un staphylocoque ou un streptocoque – avec de l'eau Dalibour, un mélange de zinc et de cuivre qui porte son nom. Le Dr Jarvis[52] recommande de compléter le traitement de votre médecin avec du vinaigre de cidre pur sur les plaques d'impétigo 6 fois par jour. Il affirme que l'impétigo devrait disparaître en moins d'une semaine à condition d'éviter de toucher ou de gratter la peau irritée.

Infections urinaires

Vinaigre de cidre

Votre dose quotidienne de vinaigre, avec ou sans miel, contribue à maintenir un pH normal dans le canal urinaire, indispensable pour éviter les infections.

Vinaigre et jus de cranberry

Le jus d'airelles – cranberries en anglais – est également recommandé pour les infections urinaires. Préparez-vous une boisson antibactérienne efficace et délicieuse. Ajoutez 2 cuillers à café de vinaigre à 1 verre de jus d'airelles.

Insomnies

Les médecins égyptiens et grecs prescrivaient des opiacés pour faire sombrer les insomniaques dans les bras de Morphée. Les médecins arabes de l'empire Ottoman avaient fait du trouble du sommeil une spécialité à part entière. Il existait un hôpital au Caire pour accueillir les patients qui en souffraient. Dans certains cas, Avicenne prescrivait du miel. En Europe, les herboristes recommandaient de mettre de la lavande dans les oreillers et de se laver les mains et les pieds avec du vinaigre au romarin pour apaiser les émotions et encourager le sommeil.

52. Jarvis DC : *Folk medicine*, Fawcett World library, 1958.

L'herboriste John Gerard[53] recommande des compresses de feuilles de belladone macérées dans le vinaigre de vin en compresses sur le front. La pharmacopée chinoise recommande de boire une tasse d'eau chaude additionnée de vinaigre de riz. Dans le Vermont des années 1950, le bon Dr Jarvis reconnaissait au vinaigre de cidre la propriété de calmer la nervosité et l'insomnie grâce au potassium et aux oligo-éléments qu'il contient.

Vinaigre de cidre et miel

Mélangez 2 cuillers à café de miel avec 2 cuillers à café de vinaigre de cidre dans 1 verre d'eau et buvez le soir au coucher.

Intoxication alimentaire

*Pline l'ancien, dans son **Histoire naturelle**, recommande l'oxycrat comme antidote à un empoisonnement aux champignons. Au XIVe siècle en Chine, Chia Ming[54] prescrit le vinaigre en cas d'intoxication alimentaire. Pour attaquer les bactéries hostiles de la bande des salmonelles et autres E-coli, en attendant le médecin, dégainez le vinaigre.*

Vinaigre de cidre

Dès les premiers symptômes, prenez 1 cuiller à soupe de vinaigre de cidre sans le diluer. Après, brossez-vous les dents avec du bicarbonate pour éviter que l'émail ne soit attaqué. Répétez toutes les 2 heures si nécessaire,

Vinaigre de cidre ou de riz et piments

Le piment est un antiseptique puissant. Utilisez le tonique au piment détaillé dans rubrique ***Circulation***. Prenez 1 cuiller à café dans un verre d'eau chaude.

53. Gerard J : *Herbal or General History of Plants*, 1597.
54. *Yin shih Hsu chih*, Connaissance essentielle du manger et du boire.

Vinaigre de riz et ail

La recette du fameux tonique figure à la rubrique ***Arthrite***. Prenez une demi-tasse après chaque repas pendant une semaine. Et si vous le supportez, vous pouvez également consommer quelques gousses d'ail à chaque repas.

En Chine, il est également utilisé pour combattre l'arthrite, la fatigue et le stress, l'obésité, les hémorroïdes, les problèmes cardiaques, l'hépatite virale, la tuberculose, les parasites intestinaux, la dysenterie.

Lendemains difficiles

Qu'auriez-vous fait à Thèbes avant de sortir vous livrer à des libations trop libérales ? Pour éviter de vous sentir un peu fragile le lendemain, vous auriez mangé du chou cru arrosé de vinaigre. À Rome aussi d'ailleurs si l'on en croit Caton. Et si vous aviez fait l'impasse sur le chou ? Eh bien vous auriez fait bouillir 16 têtes d'ail – oui, vous avez bien lu, des têtes pas des gousses – dans un seau de vinaigre pour réparer les dégâts.

Dans la 10e édition du codex pharmaceutique japonais, on lit, sous la rubrique « acide citrique » que les effets du vinaigre sur la gueule de bois et la nausée sont connus depuis des siècles. Il est recommandé à ceux qui ont tendance à s'enivrer rapidement de boire du vinaigre ou de l'acide citrique avant, pendant et après les libations. Apparemment – selon le codex – cette précaution permet à ceux qui ont trop forcé sur le saké de ne pas souffrir et de dégriser rapidement. Il est également précisé dans le codex que lorsqu'on a trop bu les nausées sont provoquées par l'accumulation d'acétaldéhyde – une substance résiduelle une fois que l'alcool a été métabolisé par le foie. Vous voilà prévenus : Diluez un peu de vinaigre dans un grand verre d'eau et buvez lentement.

Vinaigre, jus de tomate, citron, oignon, céleri, sucre, Tabasco, sel et poivre.
Préparez le cocktail de tante Emma avec 1 grand verre de jus de tomate, 3 cuillers à soupe de vinaigre, 1 jus de citron, 4 tranches d'oignon, 3 cuillers à soupe de sucre, 4 branches de céleri, 2 cuillers à café de Tabasco, sel et poivre. Passez le tout au mixeur, filtrez et buvez.

Mal à la gorge

Imaginez-vous dans une vie antérieure dans l'Égypte antique, en train d'attendre vos invités pour dîner. Tout est prêt, vous êtes habillée, maquillée et parfumée mais vous sentez les prémices de ce qui promet être un affreux mal de gorge. Imhotep, le médecin du pharaon ne reçoit que sur rendez-vous et n'a pas une consultation de libre avant six mois.

Que faire ? Grâce à Osiris, votre grand-mère habite à deux pas et elle vous donne une potion pour vous gargariser. Elle en a toujours une bouteille dans son garde-manger : du vinaigre à l'ail. Après, vous mâcherez un clou de girofle pour chasser l'odeur. Ne vous plaignez pas, au XVIIe siècle en France, vous auriez eu droit à la recette du père Cassagne[55] concoctée avec la dent d'un pourceau sanglier réduite en poudre avec trois onces d'huile de semence de lin.

Si vous avez le rhume, la grippe ou mal à la gorge et que vous devez faire une conférence ou chanter en public, prenez l'une des potions suivantes :

Vinaigre de cidre ou de riz
Diluez 1 cuiller à café de vinaigre dans un verre d'eau tiède. Gargarisez avec ce breuvage et avalez. Répétez plusieurs fois au cours de la journée.

55. *L'or potable*, 1615.

Les Mayas préconisaient d'avaler un mélange de miel de piments écrasés, de miel et de feuilles de tabac pour éradiquer un mal de gorge. On se passera des feuilles de tabac.

Vinaigre, miel et piment de Cayenne

Diluez 2 cuillers à café de vinaigre et ¼ de cuiller à café de piment dans une tasse d'eau bouillante et sucrez avec 2 cuillers à soupe du miel. Gargarisez aussi souvent que nécessaire et avalez.
Vous aurez l'impression que la brûlure du piment va vous tuer. Mais vous survivrez et en plus cette petite recette vous débouchera le nez.

Vinaigre de cidre, citron, gingembre, piment de Cayenne et miel

Aux premiers signes d'un rhume ou de la grippe, mélangez dans une grande tasse d'eau chaude, 2 cuillers à soupe de vinaigre, ½ cuiller à café de gingembre, 2 cuillers à soupe de jus de citron, ¼ de cuiller à café de piment et 2 cuillers à café de miel. Mélangez et buvez lentement.

Vinaigre et miel

Mélangez 1/4 de tasse de vinaigre avec 1/4 de tasse de miel et prenez 1 cuiller à soupe toutes les 4 heures, sauf si vous êtes diabétique.

Vous pouvez aussi mélanger 1 cuiller à soupe de miel et 1 cuiller à café de vinaigre de cidre dans un verre d'eau chaude et vous gargariser avec cette mixture avant de l'avaler. Selon le Dr Jarvis, ce traitement vient à bout d'un mal de gorge provoqué par la bactérie streptococcique en 24 heures.

Vinaigre et sel

C'est ce que recommandait déjà Quintus Sammonicus Serenus[56] pour traiter « l'inflammation du gosier, qu'on appelle angine [et qui] cède à un gargarisme de vinaigre dans lequel on a fait dissoudre du sel.

56. *De medicina praecepta.*

Gargarisez plusieurs fois par jour avec 1 cuiller à soupe de vinaigre et 1 cuiller à café de sel dans une tasse d'eau chaude. N'avalez pas.

Vinaigre et sauge

Faites une infusion de feuilles de sauge puis ajoutez 2 cuillers à café de vinaigre et gargarisez avec cette mixture pour soulager maux de gorge, laryngites et amygdalites, aphtes et gingivites.

Mal aux dents

Vous êtes toujours à Thèbes, dans votre vie antérieure mais cette fois, c'est une rage de dents qui vous fait souffrir. Par Athotis, ressortez la bouteille de votre grand-mère et bénissez son remède à l'ail – l'aspirine de l'Antiquité - et au vinaigre. Ajoutez quelques clous de girofle ! Ça vous permettra d'attendre de voir votre dentiste.

Ici et maintenant, c'est pareil, trempez un petit bout de coton dans du vinaigre de cidre ou du vinaigre à l'ail dont la recette est détaillée à la rubrique ***Arthrite*** et mettez-le sur la gencive au-dessus de la dent qui vous fait souffrir ou sur la cavité et la gencive après une extraction.

Mal aux oreilles

Le papyrus d'Ebers Papyrus indique que les prêtres étaient les spécialistes des oreilles. La thérapeutique consistait surtout à introduire dans les oreilles diverses préparations, toutes plus répugnantes les unes que les autres, comme par exemple de l'urine de bouc, mélangée à des cendres d'ailes de chauve-souris, des œufs de fourmis ou des queues de lézard. Tout ça pour arrêter les écoulements purulents. Mieux valait prendre la première galère pour aller se faire soigner correctement par Celsius à Rome.

Le praticien romain, qui avait sûrement eu des otites quand il était petit et savait à quel point ça fait mal pensait qu'une otite pouvait rendre fou. Il prescrivait des gouttes de vinaigre dans les oreilles pour tuer les insectes qui s'y aventuraient. Au XIIIe siècle, le médecin libanais Ibn Al-Nafis[57], recommande le vinaigre pour traiter les infections de l'oreille externe.

L'efficacité du vinaigre pour traiter les infections des oreilles[58] est reconnue. Si vous avez une otite, consultez immédiatement votre médecin.

Pour éviter les otites ou autres infections douloureuses des oreilles, mettez quelques gouttes de vinaigre dilué dans un peu d'eau tiède dans les oreilles après la douche ou la piscine.

Mal aux pieds

Après une dure journée de shopping ou une nuit éprouvante sur la piste de danse, vous avez les pieds en compote. Pour les soulager et leur donner un grand coup de frais, plongez-les dans une bassine d'eau tiède additionnée d'une tasse de vinaigre et d'une poignée de sel de mer. Faites trempette pendant un quart d'heure.

Vous pouvez compléter le traitement avec un petit massage au vinaigre.

Mauvaise haleine

Si par le plus grand des malheurs, vous vous apercevez que vous avez une haleine qui rappelle celle venue de l'estomac de Pantagruel, « alors qu'il mangea tant d'aillade », calmez-vous, il y a peu de chance qu'elle ait les effets de l'exhalaison

57. Bin Al-Nafis : Al-Mujaz fi Al-Tibb (un résumé de la médecine), edited by Dr Ahmed Amaer, 1st edition, Al Ahram Press, Cairo, 1986.
58. Pour les otites internes, otites externes et myringites granulomateuses. Jung HH, Sho Sd, Yoo CK, Lim HH, Chae SW. Vinegar treatment in the management of granular myringitis. J Laryngol Otol. 2002 ; 116 : 176-180. Aminifarshidmehr N. The management of chronic suppurative otitis media with acid media solution. Am J Otol. 1996 ; 17:24-25.

de Pantagruel qui « répandit une peste qui aurait provoqué la mort de deux cent vingt millions et soixante mille et seize personnes dans la semaine. »

Pour réduire les risques de relents digestifs embarrassants, prenez le cocktail habituel avant les repas : 1 cuiller à soupe de vinaigre de cidre, avec ou sans miel, dans 1 verre d'eau avant les repas.

Maux de tête, migraine

Hildegarde de Bingen, mystique médiévale, explique que ses visions l'ont conduite à écrire des livres sur la santé, la médecine et les remèdes naturels. Les spécialistes qui ont analysé ses écrits, ses illustrations et les descriptions de ses visions supputent qu'elle souffrait de migraines.

Et au Moyen-Âge, le traitement standard des migraines consistait à appliquer un mélange d'opium et de vinaigre sur le cuir chevelu. Ceux qui n'avaient pas de vinaigre à l'opium utilisaient un vinaigre de roses ou encore l'oxymel recommandé dans le **Compendium de Médecine** *de Gilbertus Anglicus (Gilbert l'Anglais), l'une des plus grandes sources d'informations pharmaceutiques et médicales de l'Europe médiévale. Vinaigre de roses et oxymel sont garantis sans visions.*

Si les migraines sont dues à des problèmes digestifs, le cocktail habituel les soulagera sans doute.
Vous pouvez aussi y ajouter des inhalations au vinaigre.

Vinaigre

Faites bouillir un mélange moitié eau et moitié vinaigre. Inspirez 80 fois les vapeurs de vinaigre en évitant de vous brûler le nez et les yeux. Pourquoi 80 fois ? Personne ne connaît l'origine de la formule, mais essayez 79 fois la prochaine fois et voyez si une inhalation de moins nuit à l'efficacité de la prescription.

Vinaigre et menthe

Vous avez trop mal à la tête pour compter ? Ajoutez une poignée de feuilles à votre casserole d'eau et de vinaigre. Faites des inhalations pendant 5 minutes et allongez-vous pendant ½ heure. Le problème devrait disparaître. Si ce n'est pas le cas, répétez la procédure avec les précautions d'usage.

Et une compresse au vinaigre posée sur le front fait des miracles. Un remède tellement vieux qu'on le trouve dans Jack and Jill, une comptine anglaise.

Mémoire

Le vinaigre stimule la mémoire. Des études[59] indiquent que le jus de pomme et le cidre sont excellents pour les petites cellules cérébrales et améliorent, entre autres, les fonctions cognitives. Les antioxydants et les vitamines B qu'il contient améliorent la mémoire verbale et favorisent le développement cérébral. D'autres études confirment que les antioxydants[60] contenus dans le vinaigre s'attaquent aux radicaux libres et empêchent le cerveau de se « rouiller ».

Ces mêmes antioxydants pourraient prévenir le cancer[61] et les maladies cardio-vasculaires[62]. Une enquête sur trois générations d'employés – retraités compris – d'une usine de vinaigre en Chine, indique que sur les 600 ouvriers interrogés, aucun n'a jamais eu le cancer et seulement 1 pour cent n'a de maladies cardio-vasculaires. Le taux de maladie des familles de ces ouvriers est beaucoup plus bas que celui des autres familles.

59. Tchantchou F, Chan A, Kifle L, Ortiz D & Shea TB : Apple juice concentrate prevents oxidative damage and impaired maze performance in aged mice, *The Journal of Alzheimer's Disease*, (8, 3, Dec. 2005) : 283-287.
60. Shimoji Y, Tamura Y, Nakamura Y, Nanda K, Nishidai S, Nishikawa Y, Ishihara N, Uenakai K, Ohigashi H : Isolation and identification of DPPH radical scavenging compounds in *Kurosu* (Japanese unpolished rice vinegar), *J Agric Food Chem.* 2002 Oct 23 ; 50 (22) : 6501-3.
61. Nanda K, Miyoshi N, Nakamura Y et al : Extract of vinegar «Kurosu» from unpolished rice inhibits the proliferation of human cancer cells. *J Exp Clin Cancer Res*, 2004 ; 23 : 69-75. Shimoji Y, Kohno H, Nanda K et al : Extract of *Kurosu*, a vinegar from unpolished rice, inhibits azoxymethane-induced colon carcinogenesis in male F344 rats, *Nutr Cancer.* 2004 ; 49 : 170-173. Seki T, Morimura S, Shigematsu T, Maeda H, Kida K : Antitumor activity of rice-shochu post-distillation slurry and vinegar produced from the post-distillation slurry via oral administration in a mouse model, Biofactors, 2004 ; 22 : 103-105. Hong FU, Ying Qiang SHI, Shan Jin MO : Effect of short-chain fatty acids on the proliferation and differentiation of the human colonic adenocarcinoma cell line Caco-2, *Chin J Dig Dis.* 2004 ; 5 : 115-117. Augenlicht LH, Mariadason JM, Wilson A et al : Short chain fatty acids and colon cancer, *J Nutr.* 2002 ; 132 : 3804S-3808S. Nishino H, Murakoshi M, Mou XY et al : Cancer prevention by phytochemicals, Oncology 2005 ; 69 (Suppl 1) : 38-40.
62. Interpoma 2002 conference, Bolzano Italy, Dianne Hyson, University of California-Davis.

Alors chouchoutez vos cellules avec votre cocktail habituel.

Muguet des bébés

Le muguet est un champignon qui se développe dans la bouche des bébés. Si vous allaitez votre bébé, il est conseillé, en plus du traitement prescrit par le médecin, de laver les mamelons avec 1 cuiller à soupe de vinaigre blanc dilué dans 1 tasse d'eau et de laver les fesses du bébé à l'eau et de les rincer avec un mélange d'eau et de vinaigre.

Mycoses des mains, pied d'athlète et mycoses de l'ongle

L'allégorie de Vénus[63] *de Bronzino, peintre attitré de la cour des Médicis, nous donne un exemple exquis d'un pied d'athlète de la Renaissance. Lequel ressemble étrangement à la vilaine mycose d'aujourd'hui aussi connue sous le nom plus chic de* ***Tinea Pedis****, mais néanmoins apparentée à la très déplaisante famille des vers solitaires !*

Fort heureusement, toutes ces mycoses détestent le vinaigre[64].

Vinaigre d'alcool

Trempez vos mycoses dans un mélange d'eau et de vinaigre pendant 10 minutes, deux fois par jour. Puis tamponnez la peau infectée avec du coton imbibé de vinaigre pur. Laissez sécher. Et mettez un peu d'huile de sésame, bactéricide réputé.

N'oubliez pas de mettre vos bas, collants et chaussettes à tremper dans de l'eau vinaigrée – 1 volume de vinaigre dans 5 volumes d'eau – pendant 30 minutes avant de les passer au lave-linge.

63. L'allégorie de Vénus, œuvre d'Agnolo di Cosimo di Mariano Tori dit Bronzino, autrefois connue sous le titre de Vénus et Cupidon entre le Temps et la Folie, 1540-1545, The National Gallery, Londres a été offerte à François 1er de France par le grand-duc Cosme 1er

64. Yan Hong : Topical treatment of hand, foot and ringworm vinegar Treatment of Hand and Foot Tinea by External Application of Edible Vinegar, *Chinese folk medicine,* 2001/01.

Nausées

Hippocrate avait fait le lien entre les nausées matinales et le début de la grossesse. Pour soulager les nausées, matinales ou autres, prenez un petit verre du cocktail habituel et buvez lentement.

Nez bouché

Essayez donc une bonne inhalation au vinaigre avec les précautions d'usage et dont vous trouverez la recette sous la rubrique ***Maux de tête***. Rien de tel pour dégager les cloisons nasales et vous éclaircir les idées par la même occasion.

Odeurs corporelles

Napoléon qui adorait se shooter au jus d'aisselles de Joséphine, lui faisait porter des messages éloquents du style : « Je rentre dans trois jours. Ne te lave pas. » Mais pour les jours où Napoléon n'est pas là, nous ne saurions nous passer de déodorant !

Si par malheur, la gestion des stocks n'est pas au point et que c'est la panne ou que vous décidez de confier vous aisselles à des produits naturels, utilisez du vinaigre de cidre pur à la place du déodorant.

Vinaigre et fenouil

Vous pouvez aussi fabriquer votre déodorant en mettant 5 gr de graines de fenouil dans un petit bocal. Recouvrez de vinaigre, fermez hermétiquement et laissez reposer 15 jours avant de l'utiliser. Mettez-en deux fois par jour.

Pour les pieds malodorants, préparez un bain de pieds avec de l'eau chaude additionnée d'une tasse de vinaigre. Plongez-y vos petons pendant un quart d'heure tous les jours.

Œdème

Au XVIe siècle, le médecin chinois Li Shizhen aurait appliqué sans hésiter une tranche de porc fraîchement abattu sur votre œdème – l'ancêtre du beefsteak des boxeurs !

Aujourd'hui, les grands-mères chinoises recommandent deux lotions à base de vinaigre.

Vinaigre et gingembre

Faites cuire 60 gr de gingembre frais dans 100 ml de vinaigre et appliquez en compresse sur l'œdème.

Vinaigre et graines de moutarde

Écrasez des graines de moutarde et mélangez avec du vinaigre pour faire un emplâtre sur la partie enflée.

Ongles cassants

Dans la médecine chinoise et ayurvédique, les ongles cassants sont le signe, entre autres, des carences en fer et en biotine. Des ongles qui se dédoublent indiquent un manque de vitamine C, d'acide folique et de protéines. Une surface irrégulière avec des stries indique aussi un manque de fer.

Pour vous refaire de belles griffes solides et lisses, prenez le cocktail habituel de 2 cuillers à café de vinaigre et 2 cuillers à café de miel dans un verre d'eau.

Vous pouvez aussi tremper les ongles dans un petit bain d'eau chaude vinaigrée pour les renforcer et les blanchir.

Ostéoporose

Le hiéroglyphe pour « vieux » dans l'Égypte ancienne était une personne voûtée sur un bâton – peut-être bien la première représentation des ravages de l'ostéoporose qui frappait sauvagement en dépit d'une durée de vie très courte.

Le vinaigre figure depuis longtemps en bonne place dans la panoplie de panacées pour la prévenir. Les oligo-éléments qu'il contient contribuent à conserver la densité osseuse, indispensable pour lutter contre l'ostéoporose.

De plus, des études[65] ont démontré que le vinaigre facilite l'absorption du calcium en activant la sécrétion d'acide gastrique. En ajoutant un trait de vinaigre au brocoli, au chou ou au pissenlit, vous augmentez votre apport en calcium d'un tiers.

Prenez le cocktail habituel, le *tamago-su* des samouraïs (sous la rubrique ***Anémie***) et pour encore plus de calcium, préparez-vous des vinaigres aux plantes.

Vinaigre aux plantes

Utilisez une ou plusieurs des plantes suivantes : orties, pissenlit, persil, menthe, oseille, feuilles de sauge, de violettes, de framboisier, plantain, ciboulette, le vert des oignons frais, prêle pour faire un vinaigre aux herbes contre l'ostéoporose. Vous ferez le plein de calcium et d'autres oligo-éléments indispensables comme le potassium, le magnésium, le zinc, etc. Par exemple, 100 gr d'orties séchées apportent 2 900 mg de calcium, 860 mg de magnésium, 447 mg de phosphore, 1 750 mg de potassium, 407 mg de zinc ainsi que les vitamines A, B, C, D, E, K.

Lavez et séchez soigneusement les plantes de votre choix, hachez-les grossièrement, remplissez un bocal en verre préalablement stérilisé et recouvrez entièrement de vinaigre de cidre

65. Li Yong ; Study on calcium assimilate readily of edible vinegar, China condiment, 2002/03. Kondo S, Tayama K, Tsukamoto Y, Ikeda K, Yamori Y : Antihypertensive effects of acetic acid and vinegar on spontaneously hypertensive rats, Biosci Biotechnol Biochem, 2001 ; 65 : 2690-2694. Kishi M, Fukaya M, Tsukamoto Y, Nagasawa T, Takehana K, Nishizawa N : Enhancing effect of dietary vinegar on the intestinal absorption of calcium in ovariectomized rats, Biosci Biotechnol Biochem, 1999 ; 63 : 905-910. Trinidad TP, Wolever TM, Thompson LU : Effect of acetate and propionate on calcium absorption from the rectum and distal colon of humans, Am J Clin Nutr, 1996 ; 63 : 574-579.

chaud. Fermez hermétiquement et mettez dans un endroit frais et sombre pendant 6 semaines. Prenez une cuiller à soupe de ce mélange dans un verre d'eau deux fois par jour. Vous pouvez aussi l'ajouter aux vinaigrettes, aux légumes ou aux soupes.

N'oubliez pas de mettre des étiquettes sur les bocaux et les bouteilles avec la date de fabrication et les plantes utilisées.

Vous pouvez également augmenter votre prise de calcium avec du *tamago-su* ou en faisant dissoudre des coquilles d'huîtres dans du vinaigre.

Pâmoison

« La mère Catherine accourut, affolée, la coiffe de travers. Un souffle frêle sortait des lèvres de la jeune fille. Elle lui frappa dans la paume des mains, la releva sur l'oreiller, lui fit respirer du vinaigre. Marthe revint à elle.[66] *»*

Lorsque les belles encorsetées d'autrefois tombaient en pâmoison, on leur faisait respirer des sels ou du vinaigre sur un mouchoir. Certes, on ne se pâme plus, on ne défaille plus, mais si vous sentez que vous allez tourner de l'œil ou tomber dans les pommes, le vinaigre fait toujours de l'effet.

Parasites intestinaux

Ces hôtes indésirables ne font pas bon ménage avec le vinaigre qui les expulse sans ménagement. Pour soigner la dysenterie et la malaria, les classiques de la pharmacopée culinaire chinoise recommandent du tofu bouilli dans du vinaigre, du *daikon* – le radis des sushis – émincé et recouvert de sucre et de vinaigre ou râpé, obtenu en l'éminçant puis en le recouvrant de sucre et de vinaigre. Infâme mais efficace. Et bien entendu, le tonique chinois au vinaigre de riz et ail recommandé dans la rubrique ***Intoxication alimentaire***. Avec ça, vous pouvez faire une opération commando.

66. Émile Moselly, *Terres lorraines*, 1907.

Pellicules

Le vinaigre vous débarrasse des pellicules et autres affections du cuir chevelu dues à des bactéries indésirables et mycoses peu recommandables.

Calmez les démangeaisons, soulagez les irritations, chassez les pellicules, les bactéries et faites briller vos cheveux en ajoutant, comme les coquettes d'autrefois, 2 à 3 cuillers à soupe de vinaigre de cidre à l'eau du dernier rinçage après votre shampoing.

Piqûres d'insectes

On n'attire pas les mouches avec du vinaigre, c'est ce que confirme une étude[67] japonaise sur l'efficacité du vinaigre pour contrôler les odeurs des élevages de porcs et, en prime, à décourager les mouches. Elles ne sont pas les seules à détester son odeur. Apparemment il décourage aussi les moustiques et les puces.

À titre préventif, pour décourager les moustiques et les puces, buvez le cocktail habituel.

Vous pouvez aussi vous frotter les bras et les jambes avec du vinaigre. L'odeur disparaît très rapidement mais pas le pouvoir répulsif.

Oaky : Vinaigre de chêne (Voir Toxines)

Calmez les piqûres en les recouvrant avec de l'oaky, pur ou dilué.

67. Takahara Y, Katoh K, Inaba R, Iwata H : Study on odor control using wood vinegars (II). Application of wood vinegars to piggery wastes, *Nippon Koshu Eisei Zassh*, 1994 Feb ; 41 (2) : 147-56.

Piqûres d'abeille, de guêpe, de frelon et d'aoûtat

Si une abeille ou un autre attaquant vous a laissé un dard en souvenir, retirez-le en le raclant d'un coup sec vers le côté avec une carte de crédit, le côté non tranchant d'un couteau ou votre ongle. Surtout n'utilisez pas de pince à épiler et n'essayez pas de le saisir entre le pouce et l'index, car le fait de pincer le dard pour le prendre, injecte le venin dans la peau.

Une fois le dard expulsé, soulagez la sensation de brûlure avec du vinaigre appliqué en compresse pendant ½ heure. Puis d'alterner avec des packs de glace pendant ½ heure également. Continuez à alterner vinaigre et glace jusqu'à ce que vous vous sentiez mieux.

Vinaigre et ail

Vous pouvez aussi verser du vinaigre, chaud de préférence sur la piqûre pour calmer la douleur, désinfecter et faire désenfler l'épiderme malmené. Écrasez une gousse d'ail avec un presse-ail. Ajoutez du miel et un peu de vinaigre de cidre et tartinez sur la peau attaquée par les insectes. Recouvrez d'une gaze et d'un sparadrap.

Piqûres de moustiques

Dès que vous avez été piqué et à condition de ne pas être attaqué par un escadron de moustiques, mettez un peu de salive, puis appliquez un mélange de jus de citron et de vinaigre

Poison de méduses

En attendant le médecin, neutralisez les piqûres des méduses en les recouvrant avec du vinaigre d'alcool.

Piqûres d'orties

À part quelques fétichistes, la plupart des gens redoutent leurs affreuses piqûres. Si vous les manipulez accidentellement versez un peu de vinaigre sur la peau irritée.

Problèmes de poids

Quel était le secret de la taille de guêpe des belles, de Néfertiti à Emma Bovary ? Le vinaigre. D'ailleurs les femmes n'étaient pas les seules à l'utiliser comme adjuvant minceur. Le poète anglais Lord Byron a lancé le régime au vinaigre dans la société anglaise. En noyant ses aliments dans le vinaigre, il perd plus de 60 livres !

Les mécaniques de cette recette empirique restent en partie inexpliquées, mais des études[68] indiquent que le vinaigre peut aider à contrôler l'appétit en augmentant la sensation de satiété après un repas, qu'il a un impact sur la digestion des féculents et qu'il active le métabolisme.

Vinaigre de cidre ou de riz

Mélangez 2 cuillers à café de vinaigre de cidre dans 1 verre d'eau et buvez avant les repas pour tromper votre appétit. Et s'il n'est toujours pas calmé, buvez ce breuvage pendant les repas.

Vinaigre, piment de Cayenne ou Tabasco, jus de tomate, céleri

Préparez-vous un petit cocktail thermogénique pour donner un coup de pouce à votre métabolisme et brûler les calories comme une vraie petite centrale !

68. E Östman, Y Granfeldt, L Persson & I Björck : Vinegar supplementation lowers glucose and insulin responses and increases satiety after a bread meal in healthy subjects, *European Journal of Clinical Nutrition*, 2005 59, 983 – 988. Roberts SB : High-glycemic index foods, hunger, and obesity is there a connection? *Nutr Rev.* 2000 ; 58 : 163-169. Johnston CS, Buller AJ : Vinegar and peanut products as complementary foods to reduce postprandial glycemia, J Am Diet Assoc, 2005 ; 105, 1939-1942. XU Qing - ping, AO Zong China, Tao Yi : Progress in vinegar function study, *China condiment*, 2004/01. Chen : New Research on Vinegar Health Function to Heart-Blood Vessel, *China Brewing*, 2001/06.

Dans un mixeur, mettez 250 ml de jus de tomates ou 500 gr de tomates fraîches, ½ verre de vinaigre, ¼ de cuiller à café de piment et 1 branche de céleri. Mixez et buvez en guise d'apéritif ou lorsque vous aurez envie de stimuler votre métabolisme.

Vinaigre de riz et ail

Le tonique chinois pour perdre du poids. La recette figure sous la rubrique ***Arthrite***. Mélangez 4 cuillers à café de cette potion dans un verre d'eau froide ou chaude après chaque repas.

Il est également utilisé à titre préventif pour rester en forme et stimuler les défenses immunitaires contre le rhume et la grippe. Il est prescrit contre la fatigue et le stress, les hémorroïdes, l'arthrite, les problèmes cardiaques, l'hépatite virale, la tuberculose, les parasites intestinales, la dysenterie.

Vinaigre de riz, ail et miel

Les recettes japonaises recommandent le miel, même dans les adjuvants de la minceur. Pour les détails de la potion, reportez-vous à la rubrique ***Cholestérol***. Prenez 2 cuillers à café du précieux liquide dans un verre d'eau froide ou chaude deux fois par jour.

Ce remède est également recommandé pour prévenir le cholestérol et les problèmes cardio-vasculaires, stimuler les défenses immunitaires, soulager la dépression, éviter la constipation, faciliter le sommeil et vous faire une peau de rêve.

Vinaigre de riz, soja bio et ail

Voyez sous la rubrique ***Cholestérol***. Prenez 5 grains tous les jours, le matin ou pendant les repas.

Au Japon, ce vinaigre est également prescrit contre le cholestérol, le diabète de type 2, l'hypertension, comme potion anti-âge et pour faire une jolie peau.

Vinaigre et œuf *tamago-su*

Le vinaigre des samouraïs est un allié précieux dans la guerre contre les kilos. Pour les détails de la recette, voyez sous la rubrique ***Anémie***. Prenez une tasse à saké du liquide trois fois par jour après les repas.

Le *tamago-su* est également utilisé en Asie pour traiter l'arthrite, le cholestérol, la constipation, le diabète de type II, la fatigue, l'hypertension, les problèmes de poids, pour stimuler l'immunité et comme breuvage anti-âge.

Psoriasis

Cette maladie chronique démange l'humanité depuis des millénaires. Dans la Bible, c'est le terrible ***tzaraath****, une punition divine pour châtier les pêcheurs. Le Léviathan détaille les horreurs du traitement imposé aux malades qui sont isolés et doivent se repentir et brûler leurs vêtements. Bref, c'était l'horreur. Aujourd'hui, ce n'est pas marrant, mais au moins on n'est pas puni!*

Vinaigre de cidre

Noyez vos démangeaisons dans un bain froid additionné d'1 tasse de vinaigre pour restaurer le pH de la peau, réduire l'inflammation et soulager la douleur et la sensation de brûlure.

Vous pouvez aussi appliquer du vinaigre pur sur les parties irritées.

Oaky : Vinaigre de chêne (Voir Toxines)

Soulagez le psoriasis avec de l'oaky, pur ou dilué.

Règles abondantes

La reine Victoria, qui ne parlait de ce petit désagrément féminin qu'avec son médecin, calmait ses douleurs avec du cannabis « médicinal », sous forme de teinture : ce qui signifie alcool + cannabis ! Bravo Victoria. Le vinaigre ne fera pas autant d'effet, c'est sûr, mais il est légal.

Vinaigre de cidre

Deux cuillers à café de vinaigre de cidre, 3 fois par jour avec les repas diminueront les pertes de sang trop abondantes. Vous pouvez l'agrémenter de miel si vous n'êtes pas diabétique.

Rhume

*Pour soigner votre rhume, Pline l'ancien vous aurait dit d'embrasser le museau poilu d'une souris. Li Shizhen, beaucoup plus sérieux, aurait compulsé son monumental **Bencao gangmu** ou **Materia Medica** qui ne comptait pas moins de 1 898 drogues et 11 096 prescriptions culinaires, dont il affirmait en avoir collecté lui-même plus de 8 161.*

Ce fin praticien gourmet vous aurait concocté une de ses préparations culinaires thérapeutiques, comme par exemple un petit condiment à base de vinaigre, d'ail, de légumes salés et de gingembre. Lequel condiment aurait accompagné une petite carpe, ingrédient cher à son coeur pour soulager la rétention urinaire, la diarrhée et le rhume. Si vous avez une carpe sous la main, vous pouvez tester.

Vinaigre de cidre, citron, miel et piment de Cayenne

Aux premiers signes d'un rhume ou de la grippe, mélangez dans une grande tasse d'eau chaude ½ cuiller à café de piment, 1 jus de citron et 1 cuiller à café de miel. Mélangez et buvez lentement.

Vinaigre de riz, gingembre et ail

Pour prévenir les rhumes, essayez cet autre remède chinois. Mettez 100 gr de gingembre frais et 100 gr d'ail dans un bocal en verre et recouvrez avec ½ litre de vinaigre. Fermez hermétiquement et laissez reposer pendant 1 mois au moins. Prenez 10 ml du liquide après chaque repas.

Vinaigre de cidre, miel et piment

Si le mal est fait, préparez-vous un sirop super *hot* avec ½ tasse de vinaigre, ½ tasse d'eau chaude, 2 cuillers à soupe de miel et 1 bonne pincée de piment de Cayenne. Prenez 1 cuiller à soupe toutes les heures.

Vinaigre de riz et ail

Soignez-vous avec notre tonique chinois préféré moitié vinaigre moitié ail dont la recette est détaillée sous la rubrique ***Anémie***. Mélangez 2 cuillers à café de cette potion dans un verre d'eau froide ou chaude trois fois par jour loin des repas jusqu'à disparition du rhume. Reposez-vous et restez au chaud.

Vinaigre et eau ou bicarbonate et eau

Vous pouvez compléter le traitement par des inhalations au vinaigre détaillées sous la rubrique ***Maux de tête***. Et vous préparer des gouttes nasales contre le rhume et la grippe avec du vinaigre ou du bicarbonate dont vous trouverez la recette sous la rubrique ***Grippe***.

Rhume des foins

Si vous faites partie des multitudes qui se mouchent tous les ans à la même époque, sachez que cette rhinite allergique saisonnière n'a strictement rien à voir avec les foins. C'est pratiquement de la diffamation que d'attribuer les nez qui coulent et les yeux qui larmoient à cette plante innocente.

Vinaigre et miel du pays

Pour prévenir et guérir le rhume des foins, buvez tous les jours le mélange vinaigre de cidre et miel dans un verre d'eau. Mais prenez soin de bien prendre du miel de la région dans laquelle vous vivez pour vous immuniser contre le pollen du pays. Buvez 1 verre après les repas. Commencez le traitement environ 15 jours avant que la saison des allergies ne commence et continuez jusqu'à la fin.

Vinaigre de riz et lait frais

Essayez ce remède japonais : Mélangez 20 ml de vinaigre dans 200 ml de lait pour obtenir un yaourt instantané. Ajoutez une bonne dose de miel de miel. Prenez 1 verre matin et soir pendant toute la durée de la saison des allergies.

Excellent aussi contre la fatigue.

Saignements de nez

*Dans le film **Million dollar baby**, l'entraîneur Frankie Dunn, qui est aussi le meilleur soigneur des rings, met des cotons tiges dans le nez en compote de la boxeuse Maggie Fitzgerald pour arrêter les saignements.*

Si ça vous arrive, ne vous allongez pas. Restez debout ou assis, en penchant la tête très légèrement vers l'avant. Respirez par la bouche. Une fois que les saignements auront cessé, ne vous mouchez pas pendant au moins 12 heures.

Mettez un pack de glace sur le nez. Mettez-en un autre (ou une compresse froide) sur la nuque.

Placez 1 doigt entre la lèvre et la gencive et appuyez vers le haut, contre le nez. Les saignements devraient cesser rapidement. Vous pouvez remplacer le doigt par un petit bout de sac en papier marron roulé. Ça marche aussi.

Une autre variation de cette technique consiste à pincer le haut de la lèvre, juste sous le nez, entre le pouce et l'index. Puis sortez le vinaigre.

Vinaigre de cidre

Le vinaigre arrête les flux de sang et encourage la formation des caillots. Trempez un petit bout de coton dans du vinaigre et mettez-le dans la narine.

Et pour compléter le traitement, buvez 2 cuillers à café de vinaigre dilué dans un verre d'eau chaude.

À titre préventif, les enfants comme les adultes qui saignent souvent du nez devraient boire cette mixture 3 fois par jour, tous les jours.

Sinusite, nez bouché

Il y avait déjà des spécialistes ORL dans l'Égypte ancienne. Les problèmes et les prescriptions figurent sur le papyrus d'Ebers. Les opérations pour rectifier les cloisons nasales déviées auxquelles on attribue certaines sinusites chroniques ne datent pas d'hier. Le papyrus d'Ebers donne la première mention connue de la chirurgie du nez. La plupart des procédures décrites indiquent qu'il s'agit de chirurgie reconstructrice. Avant de commencer à médire sur le nez parfait de Néfertiti, sachez que l'ablation du nez était un châtiment courant à l'époque et pas qu'en Égypte, mais pas pour la sinusite.

Vinaigre de cidre

Pour passer à la vitesse supérieure, inhaler de la vapeur de vinaigre. Mettez deux verres de vinaigre de cidre dans une petite casserole et faites chauffer juste assez pour qu'il y ait de la vapeur sans pour autant vous brûler le nez. Inhaler cette vapeur qui décoiffe ! Elle vous dégagera les narines pendant une bonne demi-journée. Répétez aussi souvent que nécessaire. Faites des lavages de nez avec une solution d'eau bouillie avec quelques gouttes de vinaigre.

Vinaigre de cidre et piment

Ajoutez à ce traitement 1 cuiller à café de vinaigre dans un verre d'eau avec une pincée de piment à boire au moment des repas.

Suées nocturnes

Dans le Vermont, les bonnes femmes d'autrefois ne laissaient pas les suées nocturnes gâcher leur sommeil. Elles prenaient leur potion de vinaigre et de miel trois fois par jour et le soir, avant de se mettre au lit, elles se frictionnaient vigoureusement la poitrine et le haut du dos avec du vinaigre de cidre.

Vinaigre de pissenlit

Préparez-vous un vinaigre de pissenlit selon les instructions détaillées à la rubrique ***Anémie*** et prenez 1 cuiller à soupe deux fois par jour dans un verre d'eau. Vous pouvez aussi l'ajouter à votre vinaigrette si vous appréciez le goût.

Stress

Pour contrer le stress de la vie quotidienne, le vinaigre de cidre peut être une thérapie naturelle de choix, car il procure la détente et favorise le sommeil : une demi-tasse à une tasse dans l'eau d'un bain d'environ 15 à 20 minutes.

Teignes

Les médecins mésopotamiens recommandaient pour s'en débarrasser, un traitement à base d'urine de vache, de plantes – dont le henné qui est un fongicide puissant dont l'efficacité a été démontrée depuis contre les teignes – mélangé à de la bière et du vinaigre d'excellente qualité. Et de recouvrir la tête d'un bandage pendant 3 jours [69].

69. Scurlock ScurlockJ & B Andersen : *Diagnoses in Assyrian and Babylonian Medicine*, University of Illinois Press, 2005.J & B Andersen : *Diagnoses in Assyrian and Babylonian Medicine, University of Illinois Press*, 2005.

*Les Romains leur ont donné ce nom, du latin **tinea**, parce qu'ils associaient les lésions cutanées qu'elles provoquent aux trous des mites **Tineidae** dans les vêtements.*

Le Dr Jarvis constate que bizarrement, dans les années 1950, les garçons ont entre six à neuf fois plus de chance d'attraper ces parasites du cuir chevelu que les filles. Il recommande ce remède populaire : du vinaigre 6 fois par jour pour désinfecter le cuir chevelu et les faire déguerpir.

Torticolis

*Le papyrus d'Ebers décrit ce problème et donne la prescription pour le soulager. Dans son poème didactique médical **De medicina praecepta**, le romain Quintus Sammonicus Serenus recommande pour traiter la raideur du cou « une fomentation faite avec des lentilles bien cuites dans du fort vinaigre » ou « du fumier de chèvre et des oignons. »*

Et dans les deux cas « Il sera bon enfin de toucher les amygdales avec les doigts mêmes dont on vient d'écraser un grillon. » Le premier cas connu de torticolis de l'histoire date de l'époque gréco-romaine. Ce guerrier inconnu, connu sous le nom de la momie de Birmingham, avait attrapé son torticolis à la suite d'une blessure de flèche dans le cou !

Vinaigre

Si le vôtre est dû à un faux mouvement et non à une flèche ennemie, ajoutez ½ de tasse de vinaigre à ½ de tasse d'eau chaude et versez sur un linge. Essorez et appliquez sur le cou, maintenez avec du film étirable et recouvrez d'une serviette chaude.

Vinaigre et gingembre

Essayez un remède chinois traditionnel : les compresses chaudes au vinaigre et au gingembre.

Amenez à ébullition 3 tasses de vinaigre et 1 tasse de gingembre coupé en tranches ou 3 cuillers à soupe de gingembre en poudre. Trempez un linge dans ce liquide et appliquez-le aussi chaud que possible sur le cou. Pour que la compresse soit toujours très chaude, prévoyez 2 linges à alterner. Essayez de faire ces compresses pendant ½ heure.

Toux

Un millénaire avant notre ère, les Égyptiens fabriquaient déjà des bonbons contre la toux avec du miel, des herbes, des épices et des agrumes. De l'autre côté de la Méditerranée, le vinaigre médicinal de scille – grand classique de la médecine antique, figurait dans toutes les pharmacopées. Toutes les stars du monde antique parlent de cette plante de la famille des jacinthes.

C'est Pythagore qui le premier met au point l'oxymel de scille pour traiter la toux. Hippocrate recommande l'oxymel comme boisson énergisante et thérapeutique, entre autres, comme expectorant du flegme et pour faciliter la respiration. Les médecins arabes, qui administrent l'oxymel et le vinaigre de scille au Moyen-Âge, l'introduisent en Europe où, à l'époque, on soigne la toux avec un sirop à base d'ail écrasé et de sangsues dilués dans de la bière ou du vin. Ou avec des poumons de renard trempés dans du vin avec de la réglisse et des herbes culinaires. Il n'existe pas de statistique sur les délais de survie après ingestion de l'un ou l'autre de ces remèdes.

Pour calmer vos quintes, oubliez les poumons de renard et fouillez plutôt dans vos placards.

Vinaigre, beurre et sucre

Pour une vilaine toux qui ne veut pas s'arrêter, prenez le sirop des sorcières. Mettez 1 cuiller à soupe de vinaigre avec 1 cuiller à soupe de beurre et 1 cuiller à soupe de sucre dans une casserole et chauffer le tout. Vous pouvez aussi mettre le tout dans un bol que vous passez au micro-onde. Buvez aussi chaud que possible.

Toux grasses

Vinaigre de cidre, piment de Cayenne et miel

Mélangez ½ verre de vinaigre avec ½ verre d'eau, ¼ de cuiller à café de piment et 4 cuillers à café de miel. Prenez 1 cuiller à soupe de ce remède lorsque vous toussez. Prenez 1 cuiller à soupe au coucher.

Vinaigre, piment de Cayenne, sel

Diluez dans une demi-tasse d'eau deux cuillers à soupe de vinaigre, 1 cuiller à soupe de sel et ¼ de cuiller à café de piment. Gargarisez aussi longtemps que possible avant d'expectorer. **N'AVALEZ PAS.**

Toux sèches

Vinaigre de cidre

Dès que vous sentez des picotements dans la gorge, prenez 1 verre d'eau avec 2 cuillers à café de vinaigre de cidre.

Vinaigre de cidre et miel

Mélangez ½ tasse de miel avec 4 cuillers à soupe de vinaigre. Prenez 1 cuiller à soupe du mélange au coucher ou pendant les quintes de toux.

Toxines

Après des excès, une grosse fatigue ou un rhume, détoxinez avec du vinaigre.

Vinaigre, gingembre, romarin, sauge, thym et miel

Mettez une cuiller à café de sauge, de romarin et de thym dans une casserole d'eau bouillante, infusez 10 minutes. Filtrez et ajoutez 1 pincée de gingembre en poudre et 3 cuillers à café de vinaigre et sucrez au miel.

Vinaigre, ail, gingembre, raifort, oignon frais et piment

Pour ce tonique antitoxine, il vous faut 6 gousses d'ail, 10 cm de gingembre, 6 oignons frais, 1 raifort et 3 piments. Lavez les ingrédients. Évidez les piments. Épluchez l'ail, le gingembre, le raifort. Mettez tous les ingrédients dans le mixeur. Recouvrez avec le vinaigre et mixez. Mettez dans un bocal hermétique et laissez reposer 15 jours à l'abri de la lumière. Filtrez et mettez en bouteille. Prenez 1 cuiller à soupe dans 1 grand verre d'eau 3 fois par jour.

Oaky : Vinaigre de chêne

L'Oaky – de l'anglais *oak* : chêne – est un vinaigre de chêne employé traditionnellement en Corée et au Japon pour traiter les empoisonnements, les morsures de serpent et autres intoxications diverses et variées. C'est un vinaigre obtenu à partir de fumée de chêne condensée, puis filtrée pour en éliminer les substances toxiques. On utilise le même procédé avec le bambou, mais ce vinaigre – Mok-cho-ek – est plus difficile à trouver en France. Le Dr Hildegarde Staninger[70] définit ce liquide comme « le composé le plus complexe au niveau nano[71] que l'humanité trouvera sur terre. » L'analyse révèle 104 composants, tous bons pour la santé, et « de nombreuses propriétés qui restent à découvrir et on pourrait passer une vie entière à étudier ce composant unique. »

Les effets pharmacologiques et cliniques de ces vinaigres ont été étudiés selon les principes de la médecine orientale traditionnelle : on considère que leurs propriétés ne sont pas dues à la composition chimique du liquide, mais qu'elles proviennent des rayonnements infrarouges lointains émis lors de la combustion du bois de chêne ou de bambou.

70. Staninger Hildegarde: What is Oaky Smoky? 14/07/2005.

71. « Nano » préfixe grec qui signifie un « milliardième » (de mètre dans les cas des nanotechnologies). Un atome est plus petit qu'un nanomètre, alors qu'une molécule peut dépasser cette mesure.

« Nos tissus corporels produisent normalement de l'énergie infrarouge pour la chaleur et la réparation des tissus. La production d'énergie infrarouge par les tissus est associée à une variété de réactions de guérison[72]. » L'Oaky stimule la revitalisation physiologique du métabolisme cellulaire et de l'organisme. Il stimule le métabolisme, favorise l'élimination, la circulation du sang, soulage la douleur, facilite la cicatrisation, encourage la récupération et prévient nombre de maladies dont le diabète[73].

Pour stimuler l'élimination des toxines, poisons, produits chimiques, médicaments, alcool, prenez 5 ml d'Oaky dans un verre d'eau.

Urticaire

Les médecins arabes du XIVe siècle vous auraient prescrit « des repas qui équilibrent les humeurs, de l'eau de Grenade, de la myrrhe, du sucre, des lentilles avec du vinaigre ou de l'eau de Verjus ou des amandes[74] » pour soulager votre urticaire. Pour une approche plus classique, essayez le vinaigre de cidre pour vos ablutions et en compresses.

Vinaigre de cidre

Remplacez le savon par 1 cuiller à café de vinaigre dans ½ tasse d'eau. Vous pouvez aussi ajouter 1 tasse de vinaigre à l'eau de votre bain.

Vinaigre et camomille

Faites infuser 5 cuillers à soupe de fleurs de camomille dans 2 tasses d'eau bouillante pendant ¼ heure. Ajoutez 1 cuiller à soupe de vinaigre. Lotionnez vos plaques 3 fois par jour.

Vinaigre et eau de rose

Mélangez en parts égales du vinaigre et de l'eau de rose et lotionnez les irritations.

72. Staninger H.: An Overview of Far-infrared Therapy for Healthy Aging & Detox, February 10, 2004.
73. Choi Yeong-In: Wood Vinegar May Revive Human Beings, Sungha, 2004.
74. Al-Mukhtaṣṣar Al-Fārissī» de Abū ʿAbdallāh Muḥammad Ibn ʿUthmān Al- Ṣiḳillī

Vinaigre, sucre brun et gingembre
Essayez cette recette chinoise pour calmer les démangeaisons. Faites bouillir 60 g de sucre et 30 g de gingembre frais dans 200 ml de vinaigre pendant 5 minutes. Diluez un peu de ce liquide réduit dans de l'eau chaude et appliquez sur la peau endolorie 3 fois par jour.

Oaky : Vinaigre de chêne (Voir Toxines)
Calmez le feu avec de l'oaky, pur ou dilué.

Varices

Le général romain Caius Marius, avait des varices. Comment la chose s'est-elle ébruitée ? Ces deux commères de Cicéron et de Plutarque ont vendu la mèche en rapportant que l'oncle de Jules César s'était fait opérer des varices. Une intervention assez courante dans l'empire romain, comme l'ablation des hémorroïdes et des amygdales. On n'a pas de statistiques sur le taux de survie.

Le bon Dr Jarvis signale que le remède favori dans les campagnes du Vermont, d'Écosse, d'Angleterre et d'Allemagne est le vinaigre de cidre. Le traitement classique consiste à surélever les jambes et à appliquer des compresses de vinaigre sur les varices matin et soir et le cocktail habituel de deux cuillers à café de vinaigre dilué dans un verre d'eau – avec ou sans miel – deux fois par jour également. Il explique que le processus est lent mais qu'on constate une nette amélioration au bout de six semaines.

Verrues

Vinaigre et glycérine
Appliquez un mélange de vinaigre et de glycérine 1 fois par jour jusqu'à disparition de la verrue.

Examinez la verrue pour voir si c'est une verrue commune ou une verrue plate.

Pour les verrues communes

Vinaigre et gingembre

Râpez une racine de gingembre frais pour en extraire le jus. Mélangez avec la même quantité de vinaigre et appliquez sur la verrue plusieurs fois par jour sans frotter. Recouvrez avec du ruban adhésif.

Pour les verrues plates

Vinaigre de cidre

Faites réduire de moitié 200 ml de vinaigre. Trempez un peu de coton ou de gaze dans ce liquide, appliquez sur la verrue trois fois par jour sans frotter. Recouvrez avec du ruban adhésif. Lorsque la verrue vous lance, c'est que le vinaigre l'attaque. Les résultats sont rapides.

Vers

Lorsqu'un malheureux, incapable d'avaler pour cause d'intrus en travers de la gorge, est allé consulter Hua Tuo[75]*, le pionnier de la chirurgie chinoise n'a pas hésité une seconde. Il a sorti son légendaire tonique chinois, moitié ail moitié vinaigre et l'a fait boire à son dysphagique. L'histoire ne dit pas qui du patient ou du parasite avait horreur de l'ail et/ou du vinaigre, toujours est-il que l'indésirable helminthe fut expulsé séance tenante.*

Et si l'on en croit les Chinois, les ascaris non plus n'apprécient pas le vinaigre, surtout ceux qui ont élu domicile dans la vésicule.

Vertiges

Pour les vertiges de l'amour, point de potion mais pour ceux provoqués par la maladie de Menière, le mélange vinaigre piment donne paraît-il de bons résultats tout simplement parce que ces vertiges sont dus à des problèmes de circulation.

75. Hua Tuo 141-208.

Vinaigre et piment

Pour la recette, reportez-vous à la rubrique ***Circulation***. Une fois par jour, prenez 1 cuiller à café de la mixture dans un verre d'eau chaude.

Vieillissement

Les descendants de Hua Tuo jurent les grands dieux que le vinaigre a des vertus anti-âge. Bêta-carotène, acides aminés, potassium et autres ingrédients antioxydants sont classés comme combattants anti-vieillissement. Et le secret c'est qu'ils agissent en synergie.

Dans la panoplie anti-vieillissement, vous avez notre cocktail habituel – vinaigre, eau et miel. Vous pouvez l'agrémenter ;

- **D'ail** : voir vinaigre de riz, miel et ail dans la rubrique ***Cholestérol***.
- **De citron** : voir vinaigre de riz, miel et citron dans la rubrique ***Cholestérol***.
- **D'œuf** : voir vinaigre et œuf *tamago-su* dans la rubrique ***Cholestérol***.
- **De raisin** : voir vinaigre de riz, miel et raisin dans la rubrique ***Constipation***.
- **De romarin** : voir vinaigre de riz et romarin dans la rubrique ***Digestion difficile***.
- **De tomates** : voir vinaigre de riz, miel et tomates dans la rubrique ***Constipation***.
- **De haricots de soja** : voir vinaigre de riz et soja bio dans les rubriques ***Cholestérol***.

Vinaigre, lavande, romarin, sauge et thym

Préparer un tonique antioxydant, anti-inflammatoire, anti-vieillissement avec ces quatre plantes riches en flavonoïdes[76] selon la recette indiquée sous la rubrique ***Ostéoporose***.

76. Panizzi L, Flamin G, Cioni PL, Morelli I : Composition and antimicrobial properties of essential oils of four Mediterranean Lamiaceae, *Journal of Ethnopahrmacology* 1993 ; 39 : 167-170. Lelpo MTL et al : Immunopharmacological properties of flavonoids, *Fitoterapia* 2000 ; 71 : S101-S109. Cos P et al : Cytotoxicity and lipid peroxidation-inhibiting activity of flavonoids, *Planta Med* 2001; 67: 515-519.

Prenez 1 cuiller à soupe de ce vinaigre 2 ou 3 fois par jour, dans un verre d'eau ou dans vos recettes de cuisine.
Il est aussi anti-allergique, antimicrobien et antifongique.

Vinaigre, cannelle, cardamome, cassis, citron, clou de girofle, gingembre et miel

Faites-vous plaisir avec ce délicieux tonique de jouvence. Dans un mixeur mettez un jus de citron, 5 cm de gingembre lavé et épluché, 3 clous de girofle, 1 cuiller à soupe de cannelle, 1 cuiller à soupe de cardamome, ½ verre de sirop de cassis, ½ tasse de miel et ½ litre de vinaigre. Mixez, mettez dans un bocal pendant 15 jours, filtrez et mettez en bouteille. Prenez 2 cuillers à soupe dans ¼ de litre d'eau et buvez au cours de la journée pour avoir une pêche d'enfer. Excellent aussi contre la fatigue.

Voix rauque, laryngite

Si vous avez temporairement la voix de Louis Armstrong, de Tina Turner ou de Marlène Dietrich, réfléchissez bien avant de vous soigner. Vous risquez de le regretter. Évidemment, pour le ***bel canto****, ça ne peut pas marcher.*

Vinaigre de cidre

Pour les laryngites, prenez 1 cuiller à café de vinaigre dans ½ verre d'eau toutes les heures pendant 7 heures.

Zona

Cette douloureuse dermatose fait de la peau un enfer. La famille de Flaubert a connu ça. D'abord sa mère. Il écrit aux frères que sa mère souffre d'un « zona compliqué d'une névralgie générale et qui lui fait pousser la nuit de tels cris que j'ai été obligé d'abandonner ma chambre. » À Georges Charpentier, il confesse : « Je suis trop souffrant de mon zona pour pouvoir m'habiller. » C'est peut-être ce qui lui a donné l'idée d'écrire ***La Tentation de saint Antoine****. Ce saint, ermite de son état, a souffert de toutes sortes d'éruptions cutanées et du zona.*

Plutôt que de médire du vinaigre dans ***Madame Bovary***, le pauvre Gustave aurait dû l'utiliser pour soulager son zona.

Vinaigre de cidre

Buvez 1 verre d'eau additionné de 2 cuillers à café de vinaigre 3 fois par jour pendant les crises.

Tamponnez les lésions avec 1 cuiller à café de vinaigre diluée dans un verre d'eau.
Versez ½ tasse de vinaigre d'alcool dans l'eau de votre bain.

Du vinaigre dans la vanity

Les anciens textes de médecine chinoise rapportent que le vinaigre « favorise la pousse des cheveux, rend plus beau, fait baisser la tension et aide à perdre du poids. » Comment résister à de tels arguments ?

La toilette sommaire

Dans un petit traité pour rester jeune publié en 1905, Augusta Prescott[1] explique que le vinaigre de cidre est parfait pour se laver. Et ce, même sans douche, ni baignoire.

Il suffit de mélanger en quantités égales du vinaigre et de l'eau pour remplacer le savon – dont très souvent le pH est trop alcalin. Versez un peu d'eau vinaigrée dans la main et frottez-vous vigoureusement les bras et les épaules, puis les jambes et les pieds, et enfin, le reste du corps. Ce massage fait pénétrer la solution vinaigrée et évite d'avoir à s'essuyer.

1. Prescott Augusta ; The Woman beautiful : A Treatise on how to keep young, *in Physician, a twentieth century medica,* vol 4, Boston, Massachusetts : Physicians' Publishing Co, 1905.

LE BAIN ET LA DOUCHE

Hélène de Troyes, Cléopâtre et Lucrèce Borgia étaient accros au vinaigre. Ces belles en ajoutaient une bonne rasade dans leur bain pour se détendre, rajeunir la peau et la rendre douce comme de la soie.

Vinaigre

Si l'eau est calcaire, ajoutez 1 tasse de vinaigre de cidre, de riz, de vin ou aux herbes à l'eau de votre bain pour la neutraliser. De plus, le vinaigre restaure le pH naturel de la peau et soulage les peaux sèches et irritées – des problèmes souvent dus à un excès d'alcalinité.

Vinaigre de vin et fraises

Pour rétablir l'équilibre de la peau et l'adoucir, Augusta Prescott prescrit du vinaigre aux fraises.

Mettez 1 litre de fraises dans 1 litre de vinaigre de vin pendant 3 jours. Pressez et filtrez. Ajoutez 1 tasse de ce vinaigre à l'eau de votre bain.

Bain relaxant

Vinaigre de cidre

Pour détendre les muscles fatigués et soulager les articulations douloureuses, ajoutez 1,5 tasse de vinaigre à l'eau du bain.

Bière, vinaigre de cidre, lait et sel

Versez 1 tasse de bière, 1 tasse de vinaigre de cidre, 1 tasse de lait et 1 cuiller à café de gros sel dans votre bain. Immergez-vous pendant 20 minutes dans ce bain bizarrement bienfaisant.

Vinaigre de riz et gingembre

Pour défatiguer et tonifier la peau, faites bouillir 10 cm de gingembre frais coupé en tranches dans 2 tasses de vinaigre. Ajoutez à l'eau du bain deux fois par semaine.

Quelques vinaigres aux plantes

Les vinaigres aux plantes faisaient fureur dans la cosmétique à l'époque romaine tout comme les vinaigres de toilette dans l'Angleterre victorienne. Ils sont parfaits pour stimuler la microcirculation, prévenir la prolifération des bactéries, des infections et autres mycoses, dissoudre les films gras qui s'accumulent sur la peau, calmer les peaux irritées et réguler le pH de la peau.

Le vinaigre est particulièrement efficace avec la lavande, le romarin, les pétales de roses ou les fleurs de sureau. Augusta Prescott[2], qui recommande aux femmes fortes de prendre des bains frais et vinaigrés, conseille aussi à toutes les femmes, fortes ou pas, d'ajouter à l'eau du bain, un vinaigre de toilette. Elle donne quelques recettes dont celle d'une Française qui a fait fortune en vendant un vinaigre de rose à l'aristocratie britannique. Augusta en dévoile la recette secrète :

Dans un grand bocal en verre, mettez des pétales et de feuilles de roses séchés, des feuilles de trèfle séchées, des fleurs de trèfle rouge séchées et de l'herbe à bison cassée en petits morceaux. Épicez avec des clous de girofle, du sel et quelques gouttes d'huile de pélargonium *graveolens*. Mélangez soigneusement. Pour préparer le vinaigre de toilette, mettez 1 tasse de ce mélange dans un pot de 4 litres et recouvrez avec 1 litre de vinaigre de vin. Fermez hermétiquement. Au bout de 3 jours, filtrez et ajoutez ½ litre d'alcool. Mettez en bouteilles. Augusta explique que dans l'eau du bain, ce vinaigre est revigorant et rajeunissant pour la peau.

Et en masque sur le visage – pour cela il suffit de tremper un linge dans le mélange et de le poser sur le visage pendant 20 minutes – c'est un stimulant pour les cellules cutanées.

2. Prescott Augusta ; The Woman beautiful : A Treatise on how to keep young, *in Physician, a twentieth century medica*, vol 4, Boston, Massachusetts : Physicians' Publishing Co, 1905.

Vinaigre, pétales de roses, de lavande, de fleurs de sureau ou de souci, de romarin ou de sauge et eau distillée

Un vinaigre de toilette parfumé est agréable et apporte, en plus des bienfaits du vinaigre, les propriétés des plantes utilisées. Pour concocter votre produit de bain, il vous faut : 2 tasses de pétales de roses ou d'une autre plante de votre choix, 4 tasses de vinaigre de cidre et 4 tasses d'eau distillée. Faites sécher les plantes fraîches pendant 2 jours avant de les utiliser.

Mettez les pétales dans un bocal hermétique. Chauffez le vinaigre (qui ne doit pas bouillir) et versez sur les pétales. Laissez reposer 2 semaines. Filtrez avec un filtre à café. Ajoutez l'eau distillée. Laissez reposer quelques jours et mettez en bouteille. Versez 1 tasse de ce vinaigre dans la baignoire pendant qu'elle se remplit.

Vous pouvez aussi l'utiliser en compresse. Imbibez un linge avec le vinaigre et appliquez-le sur la partie qui en a besoin.

En tonique pour le visage, ajoutez 1 cuiller de vinaigre à 1 tasse d'eau minérale ou distillée.

Utilisez cette recette avec des plantes différentes selon votre problème :

- ***Pour apaiser les peaux sensibles :***
  fleurs de camomille, de souci et de sureau.
- ***Pour calmer et guérir les peaux irritées, éliminer les boutons mais aussi en lotion visage pour les peaux grasses, comme déodorant et en rinçage pour les cheveux :***
  lavande.
- ***Comme déodorant et comme astringent :***
  sauge et thym.
- ***Pour revigorer :***
  romarin. Ajouter 1 tasse dans le bain.
- ***Pour faire briller vos cheveux***
  Romarin. Ajoutez 3 cuillers à la dernière eau de rinçage.

Exit la cellulite

Vinaigre et lierre

Noyez votre cellulite dans un bain au lierre. Cueillez 100 g de feuilles de lierre grimpant (*Hedera hélix*) fraîches sur le mur du voisin, Hachez-les menu. Amenez le vinaigre à ébullition et jetez-y les feuilles. Donnez 2 tours de bouillon et éteignez le feu. Couvrez et laissez reposer 6 heures. Filtrez et versez dans l'eau du bain.

Vinaigre de cidre et huile d'olive

Dans l'un de ses livres[3], la vestale du vinaigre de cidre Patricia Bragg recommande de boire 2 cuillers à café de vinaigre dans 1 grand verre d'eau 3 fois par jour et de se masser avec de la vinaigrette. Mélangez 3 volumes de vinaigre dans 1 volume d'huile et massez les zones envahies matin et soir. Votre peau sera plus ferme et plus douce.

Traitement raffermissant

Des spas tyroliens proposent à leurs clients ramollis un petit traitement pour devenir aussi pommelés qu'une pomme des Alpes. Pour cela, il faut... des pommes. Donc, si vous en avez en surplus, c'est le moment de les utiliser en interne sous forme d'infusion. Et en externe pour un massage suivi d'un enveloppement dans 1 drap trempé dans un mélange de vinaigre de cidre et de sel.

La recette tyrolienne préconise de boire l'infusion de pommes, de prendre une douche écossaise en alternant le chaud et le froid plusieurs fois. Puis de se masser et de bien se mouiller avec le jus de pommes avant de s'envelopper dans le drap trempé dans un mélange de vinaigre de cidre et de sel. Et de s'allonger bien au chaud pendant 45 minutes avant de se faire masser le cou.

3. Bragg P : *Apple Cider Vinegar- Miracle Health System*, Health science.

Lotion corporelle

Après le bain ou la douche, le prêtre bavarois Sebastian Kneipp, qui a relancé l'hydrothérapie et dont l'effigie figure sur des produits toujours vendus aujourd'hui, recommandait de se masser avec du vinaigre. Diluez 1 cuiller à café dans 1 tasse d'eau et frictionnez-vous, du visage à la plante des pieds. Deux ou trois fois par semaine, faites ce massage sans rincer et laissez sécher à l'air.

On gomme les peaux mortes

Les peaux satinées ont la cote depuis la plus haute Antiquité, époque depuis laquelle on exfolie furieusement. Pour que Roger puisse passer ses mains sur votre peau satinée, chassez les cellules épithéliales mortes dans un bain additionné d'1 tasse de vinaigre. Barbotez pendant 20 minutes et voilà.

Huile, vinaigre de cidre et sel

Enduisez-vous d'huile végétale – colza, olive, pépins de raisin ou ce que vous avez dans vous placards. Massez-vous soigneusement, laissez agir ¼ heure. Faites fondre 3 cuillers à soupe de sel dans 3 cuillers à soupe de vinaigre et frottez-vous avec ce mélange en insistant sur la peau sèche des coudes, des genoux et de la plante des pieds. Puis jetez-vous dans le bain ou sous la douche.

On improvise un déodorant

Les Égyptiens recommandaient de se laver les aisselles dans un bain parfumé et de les raser avant d'appliquer un déodorant à base de cédrat et de cannelle concocté par les nez de l'époque.

Vinaigre

Mélangez en quantités égales vinaigre et eau pour y tremper un coton et tamponner généreusement vos aisselles.

Ne vous inquiétez pas, l'odeur du vinaigre disparaît rapidement. Vous ne laisserez pas de relent de cornichon dans votre sillage.

Vinaigre de lavande

Mettez 2 tasses de lavande dans un bocal. Si elle est fraîche, lavez-la et séchez-la pendant au moins 2 jours avant de l'utiliser. Chauffez 4 tasses de vinaigre (qui ne doit pas bouillir) et versez sur la lavande. Laissez reposer 2 semaines. Filtrez avec un filtre à café. Ajoutez 4 tasses d'eau distillée. Laissez reposer quelques jours et mettez en bouteille.

Vinaigre de sauge et de thym

Mettez 2 tasses de feuilles de sauge et de branches de thym dans un bocal. Si les plantes sont fraîches, lavez-les et faites-les sécher au moins 2 jours avant de les utiliser. Chauffez 4 tasses de vinaigre (qui ne doit pas bouillir) et versez-le sur les pétales. Laissez reposer 2 semaines. Filtrez avec un filtre à café. Ajoutez 4 tasses d'eau distillée. Laissez reposer quelques jours et mettez en bouteille.

L'eau de Hongrie

Pendant des centaines d'années le romarin a été utilisé pour ses pouvoirs rajeunissants. C'est l'ingrédient principal de l'Eau de Hongrie, fameux élixir de jeunesse créé au XIVe siècle pour la Reine de Hongrie qui a officiellement reconnu ses vertus : « Moi Donna Izabella Reine de Hongrie âgée de soixante et douze ans infirme des membres et goutteuse ai usé un an entier de la présente recette laquelle me donna un Ermite que je n'avais jamais vu et n'ai su voir depuis qui fit tant d'effet sur moi qu'a même temps je guéris et recouvrai les forces en sorte que paraissant belle à un chacun le roi de Pologne me voulut épouser ce que je refusai pour l'amour de notre seigneur Jésus-Christ croyant que cette recette m'avait été donnée par un ange. »

Cette eau peut être utilisée comme déodorant, astringent, après-rasage, tonique pour la peau, les cheveux et même contre les maux de tête.

Pour préparer cette merveille, il vous faut ½ tasse de pétales de roses, ½ tasse de lavande, ½ tasse de romarin, ½ tasse de sauge, ½ tasse de zeste d'orange, ½ tasse de zeste de citron, 1 tasse de menthe. Mettez les plantes dans un bocal hermétique et recouvrez de 4 tasses de vinaigre. Fermez soigneusement et laissez reposer 2 semaines. Filtrez et ajoutez 1,5 tasse d'eau de rose. Mettez en bouteille.

Lotion après-rasage

Si vous êtes en panne d'après-rasage ou que les lotions vous donnent des boutons, utilisez du vinaigre blanc non dilué.

Ou essayez l'eau de Hongrie.

Épilation

Vous n'avez pas de cire ? Fabriquez un délicieux petit caramel dépilatoire en mélangeant 1 tasse de sucre, 1 cuiller à soupe de miel et ½ verre de vinaigre dans un récipient en verre ou en plastique. Mettez au micro-onde pendant 2 minutes pour obtenir une consistance de miel épais. Saupoudrez un peu de talc ou de fécule sur les parties à épiler. Vérifiez la température et appliquez à la spatule de la cheville au genou. Laissez durcir un peu et tirez d'un coup sec dans le sens opposé de la pousse des poils. N'hésitez pas à hurler si vous en éprouvez le besoin. Vous pouvez aussi recouvrir ce caramel avec des bandes de tissus, laissez un peu durcir et tirez comme ci-dessus.

LE VISAGE

Pour avoir un teint de porcelaine zéro défaut, belles et beaux utilisaient la céruse, une mixture mortelle fabriquée en versant du vinaigre tiède sur du plomb. On supprime le plomb et on garde le vinaigre, non pas pour cacher les défauts mais pour les éliminer. On fait un petit peeling au vinaigre aussi efficace que l'acide glycolique. C'est ce qu'affirment les chercheurs[4]. Les acides alpha-hyrdroxidés ou AHA – dont l'acide glycolique fait partie – ont la cote depuis les années 1990. Mais ils sont utilisés en cosmétique depuis très longtemps. Guerlain, par exemple, utilise des vinaigres cosmétiques avec des acides de fruits depuis 1830. Les AHA donnent de bons résultats avec les peaux grasses, l'acné et les taches de vieillesse. Ils désincrustent les pores, affinent la texture de la peau et la tonifient.

Sauna facial

Vinaigre

Pour nettoyer la peau en profondeur, ajoutez 3 cuillers à soupe de vinaigre à 1 casserole d'eau bouillante. Recouvrez la tête d'une serviette, penchez-vous au-dessus de la casserole en fermant les yeux et restez quelques minutes. Ce traitement ouvre les pores et chasse les impuretés.

Optimisez ce sauna en ajoutant de la lavande ou d'autres plantes bénéfiques pour vos problèmes de peau.

4. Wang X : A theory for the mechanism of action of the Alpha-hydroxy acids applied to the skin, *Medica Hypotheses,* 1999 ; 53 (5) : 380-382. Kligman AM : Topical treatments for photoaged skin, *Postgraduate Medicine 1997* ; 102 (2) : 115-129. Scholz D, Brooks GJ, Parish DF, Burmeister F : Fruit acid extracts, a fresh approach to skin renewal, *International Journal of Cosmetic Science* 1994 ; 16 : 265-272.

Peeling

Vinaigre

Mélangez 2/3 de vinaigre avec 1/3 d'eau distillée, appliquez sur le visage avec du coton et laissez sécher. Le vinaigre débarrasse la peau des cellules mortes.

Les toniques

Tonique express

Ajoutez 1 cuiller à soupe de vinaigre à 1 cuiller à soupe d'eau et passez sur le visage. Laissez sécher. C'est une recette vieille comme Hélène de Troyes.

Vinaigre, eau distillée et aspirine

Ajoutez quelques cachets d'aspirine à un mélange moitié eau moitié vinaigre. Secouez bien. Les acides du vinaigre ont une action exfoliante et l'acide salicylique de l'aspirine est excellent contre les petites imperfections et l'acné. Mettez toujours de l'écran total si vous utilisez ce tonique.

Vinaigre de cidre et eau de rose

Ajoutez 1 cuiller à soupe de vinaigre de cidre à 1 tasse d'eau de rose. Et voilà un tonique pour le visage doublé d'un après-shampoing rééquilibrant.

Vinaigre rosat

Versez un litre de vinaigre, blanc ou rouge, sur 100 grammes de pétales de roses rouges sèches. Laisser macérer 15 jours dans un bocal fermé, en ayant soin de l'agiter de temps en temps. Cette ancienne recette de vinaigre de beauté vous fera une peau lumineuse tout en neutralisant une eau calcaire. Vous pouvez aussi l'ajouter à l'eau de votre bain.

Lotion pour les peaux grasses

Vinaigre de lavande
Voir recette page.

Pour les peaux à problèmes, mélangez 1 volume de vinaigre de lavande à 8 volumes d'eau. Rincez le visage avec cette lotion.

Vous pouvez aussi utiliser des fleurs de souci et/ou de la sauge.

Lotion pour les peaux sèches

Vinaigre à la lavande
Vous pouvez utiliser le vinaigre à la lavande ou un vinaigre aux violettes (feuilles et fleurs), au persil ou à l'oseille.

Lotion défatigante à la lavande

Cette eau de lavande rafraîchit et aide à effacer les marques de fatigue.

Mettez 1,5 tasse de fleurs de lavande séchée dans un bocal hermétique. Ajoutez 1 tasse de vinaigre d'alcool et ½ tasse d'eau de rose. Secouez énergiquement et laissez reposer à l'abri de la lumière pendant 3 semaines en secouant tous les jours. Filtrez et mettez dans 1 joli flacon.

Lotion pour resserrer les pores

Vinaigre, roses et eau distillée
Pour fabriquer ce vinaigre de roses, il vous faut 1 tasse de vinaigre de cidre, 1 cuiller à soupe de pétales de roses fraîches que vous faites sécher pendant 2 jours et 1 tasse d'eau distillée.

Mettez les pétales dans une casserole avec le vinaigre et l'eau. Amenez à ébullition et laissez infuser ½ heure. Laissez refroidir et mettez dans un bocal en verre hermétique pendant 2 semaines. Filtrez et mettez en bouteille.

N'hésitez pas à utiliser aussi ce vinaigre dans l'eau du bain, pour vous rincer les cheveux et pour vous masser après vos ablutions.

Crème de nuit

Vinaigre de cidre, huile d'olive et eau distillée

Mélangez ¼ de tasse de vinaigre avec ½ tasse d'huile d'olive et ¼ de tasse d'eau distillée. Mettez dans un flacon et massez-vous le visage le soir avant de vous coucher.

Masques désincrustants

Argile et vinaigre

Mélangez argile et vinaigre pour obtenir une pâte que vous appliquez sur le visage en évitant le contour des yeux. Rincez à l'eau chaude puis froide.

Flocons d'avoine, miel, vinaigre de cidre, poudre d'amandes

Mélangez 1 cuiller à soupe de flocons d'avoine avec ½ cuiller à café de miel, ½ cuiller à café de poudre d'amande, 1 cuiller à café de vinaigre. Mouillez la peau avec un gant de toilette chaud et appliquez en évitant le contour des yeux. Laissez sécher et retirez avec un gant de toilette mouillé à l'eau chaude. Le miel a des propriétés antibactériennes, l'avoine adoucit la peau, la poudre d'amande exfolie et le vinaigre rétablit le pH.

On zappe les boutons

Miel, farine et vinaigre

Faites une pâte avec du miel, de la farine et du vinaigre. Appliquez sur les boutons le soir au coucher et rincez le lendemain.

On zappe les points noirs

Fécule et vinaigre de cidre

Délayez 2 cuillers à soupe de fécule avec juste assez de vinaigre pour faire une pâte. Appliquez ce plâtre sur les parties du visage envahies par les points noirs et laissez agir pendant ½ heure. Rincez à l'eau tiède.

Vinaigre et fraises

Écrasez 3 fraises bien mûres et mélangez à ¼ de tasse de vinaigre. Laissez reposer 2 heures. Filtrez et appliquez sur le visage et le cou le soir au coucher. Rincez à l'eau claire le lendemain.

On atténue les rides

*À Rome, les **cosmetae** étaient les esclaves préposées à la fabrication des cosmétiques. Pour atténuer les rides, elles préconisaient, entre autres, un masque d'urine de mule. Malheureusement, il n'était efficace que pendant la phase ascendante de constellation du chien.*

Lotion antirides au vinaigre, fenouil et miel

Il vous faut 1 tasse de vinaigre, ½ tasse de graines de fenouil et 1 cuiller à soupe de miel. Faites chauffer le vinaigre et versez sur les graines de fenouil. Laissez macérer 1 semaine. Ajoutez le miel.

Masque antirides au miel, vinaigre de cidre et blanc d'œuf

Mélangez 1 cuiller à soupe de miel, 1 cuiller à soupe de vinaigre et 1 blanc d'œuf battu. Étalez sur le visage et le cou, laissez sécher et rincez à l'eau tiède. Ce masque raffermit la peau et atténue les rides.

Après le masque, rincez avec une lotion au vinaigre pour rétablir le pH de la peau.

Exit les taches de rousseur et les taches de vieillesse

Chez les Romains, les taches de rousseurs sont une calamité qui rend « la beauté en quelque sorte inutile[5] ». Fort heureusement « on peut y remédier en se frottant les joues avec du vinaigre où l'on a broyé de la roquette. » Un autre vieux remède pour les effacer consiste à faire fondre du sucre dans du vinaigre de cidre et à appliquer cette mixture avec un pinceau en poils de chameau sur les taches une à une !!! ***Idem*** *pour les taches de vieillesse. La célèbre Trotula de Salerne, femme médecin au XIe siècle, préconise une recette à base d'œuf, de farine de moutarde et de vinaigre à appliquer le soir et rincer le matin.*

Vinaigre de cidre

Pour atténuer les taches de vieillesse ou de rousseur si vous ne les aimez pas, lotionnez les indésirables avec du vinaigre de cidre pur deux fois par jour.

Vinaigre et crème pour le visage

Vous pouvez aussi ajouter du vinaigre à votre crème habituelle. Fouettez bien le tout pour que le mélange soit homogène et appliquez sur les taches plusieurs fois par jour.

5. *Quintus Sammonicus Serenus : De medicina praecepta.*

Vinaigre de cidre et oignon

Coupez 1 oignon en 2, trempez-le dans du vinaigre et frottez les taches disgracieuses 2 fois par jour pendant quelques semaines pour les faire disparaître.

Vinaigre de cidre et orange

Mélangez 2 cuillers à café de vinaigre et 1 cuiller à café jus d'orange. Appliquez avec un coton deux fois par jour.

Vinaigre de cidre et levure de boulanger

Écrasez la levure et ajoutez du vinaigre tiède pour faire une pâte. Appliquez sur les taches, laissez pauser ¼ heure et rincez avec de l'eau et du vinaigre.

On soigne son haleine

L'hygiène bucco-dentaire antique utilise des recettes aussi fantaisistes que dramatiques pour les dents dont les moins extravagantes sont la poudre de pierre ponce ou un mélange de vin blanc, de vinaigre et de miel bouilli !

Bains de bouche à la menthe

En Angleterre, dès le Moyen âge, on utilise le vinaigre de menthe pour les bains de bouche et la sauce à la menthe pour stimuler l'appétit.

Il vous faut 1 tasse de feuilles de menthe fraîche (ou 3 cuillers à soupe de menthe séchée) et 1 litre de vinaigre de cidre.

Lavez la menthe fraîche et séchez-la. Écrasez-la au mortier ou avec un écrase purée. Mettez dans un bocal en verre et recouvrez de vinaigre. Si vous utilisez de la menthe séchée, faites bouillir le vinaigre et versez-le sur la menthe. Fermez hermétiquement et laissez reposer pendant 2 semaines. Filtrez et mettez en bouteille.
Pour avoir l'haleine fraîche, diluez 1 cuiller à café dans ½ verre d'eau.

Ce vinaigre est excellent en boisson. Versez-le sur de la glace pilée ou dans un grand verre d'eau gazeuse.
En cas de migraine, mettez-le en compresses sur le front.

Et n'oubliez pas de le servir avec votre gigot d'agneau.

Hygiène des dentiers

Nettoyez et désinfecter efficacement les dentiers avec du vinaigre. C'est ce que recommande un chercheur américain[6]. Contrairement aux autres produits, les résidus de vinaigre sur les dentiers ne risquent pas d'attaquer les muqueuses.

Procédez comme avec un nettoyant ordinaire.

On bichonne nos mains

Un manuel espagnol[7] du XVIe siècle donne la recette d'un savon pour les mains. Prenez 1 livre de savon de Valence râpé et attachez-le dans un linge épais. Mettez-le dans une casserole d'eau bouillante et faites cuire jusqu'à ce qu'il devienne bleu. Pendant qu'il cuit, prenez-en 1 *escudillia* (mesure ancienne équivalente à 1 petite tasse), 1 *escudillia* de miel, 1 *escudillia* de bile de vache, la moitié du jus d'un lys et 1 *escudillia* de vinaigre. Mettez le tout dans une casserole et faites cuire en remuant sans cesse jusqu'à ce que le liquide épaississe. Si vous voulez en faire de petites boules, laissez cuire jusqu'à ce que le liquide durcisse.

On peut faire plus simple.

Des mains propres

Après le bricolage, le jardinage ou le ménage, lavez-vous les mains avec du vinaigre d'alcool.

6. Shay K : Denture hygiene : a review and update, *J Contemp Dent Pract*. 2000 ; 15 ; 1:28-41.
7. *Manual de mugeres en el qual se contienen muchas y diversas reçeutas muy buenas.*

Si elles sont très sales : diluez du savon dans le vinaigre.

Si elles sont très très sales : ajoutez un peu de vinaigre à de la farine de maïs – celle que vous utilisez pour faire de la polenta – et frottez-vous vigoureusement les mains avec cette mixture. Rincez à l'eau froide.

Des mains douces

Vinaigre de cidre

Après un séjour prolongé dans l'eau, vos mains sont aussi ridées que celles d'une lavandière. Il ne vous reste plus qu'à mettre des gants pour cacher les dégâts ou à les masser avec du vinaigre pour les rendre douces et lisses.

Vinaigre de cidre et crème

Si vos mains sont rugueuses et abîmées, mélangez en quantités égales votre crème pour les mains et du vinaigre. Massez-les avec cette crème plusieurs fois par jour.

Vinaigre parfumé

Dans un grand bocal en verre, mettez vos épices, herbes aromatiques ou fleurs préférées. Vous pouvez essayer le mélange cannelle, cardamome et noix de muscade par exemple. Ajoutez 1 litre de vinaigre d'alcool et laissez reposer 1 mois. Filtrez et mettez dans un vaporisateur. Après chaque lavage de mains, vaporisez-le sur vos mains et vos poignets. Frottez pour le faire pénétrer. Le vinaigre adoucit la peau et restaure son pH et les épices donnent un parfum agréable. Vous pouvez aussi vous en servir pour vaporiser la maison ou la chambre des malades en période de rhumes et de grippe.

On chouchoute nos pieds

Pendant l'antiquité, on massait les pieds fatigués avec un mélange d'huile d'olive et d'épices. Les Romains prenaient des bains de pieds à la marjolaine pour renforcer le cerveau et nettoyer tout le système. Et des bains de pieds à la sauge pour soulager les muscles douloureux et les pieds fatigués.

On se fait des pieds tout doux en utilisant les mêmes trucs que pour les mains et aussi ce petit traitement :
Avant de vous faire une pédicure prenez un bain de pieds dans une cuvette d'eau chaude additionnée d'½ tasse de vinaigre.

Des pieds qui sentent bon

Vinaigre

Pour contrôler l'odeur de pieds à problèmes, plongez tous les soirs vos pieds dans de l'eau chaude additionnée d'½ tasse de vinaigre.

Vinaigre, thym et menthe

Excellent pour délasser les pieds, éliminer les odeurs et les mycoses.

Dans une casserole, mettez 2 tasses d'eau, ½ tasse de vinaigre, 2 cuillers à soupe de thym et 2 cuillers à soupe de menthe. Si vous utilisez des herbes fraîches, multipliez la dose par 2. Amenez à ébullition, réduisez et laissez frémir 5 minutes. Filtrez et versez dans une cuvette. Laissez un peu refroidir avant d'y plonger vos petons pendant 20 minutes. Séchez soigneusement.

On se fait les ongles

L'histoire de la manucure a plus de 5000 ans. Les Babyloniens et les Égyptiens utilisaient des instruments en or pour se faire les ongles. Des bas-reliefs égyptiens décrivent en détail des séances de manucure et de pédicure.

Vinaigre de cidre ou de riz

Si vous ongles sont ongles cassants, fragiles et fins, une dose quotidienne de 2 cuillers à café de vinaigre dans un verre d'eau devrait leur refaire une santé rapidement.

Vinaigre d'alcool

Avant de vous faire une manucure des mains et des pieds, trempez vos extrémités dans le vinaigre pendant 5 minutes. Les cuticules se laisseront faire.

Votre vernis à ongles tiendra plus longtemps si vous passez du vinaigre sur vos ongles avant de poser le vernis.

Conservez vos flacons de vernis au réfrigérateur pour qu'ils durent longtemps et restent bien liquides. Sortez-les quelques minutes avant de les utiliser.

Pour éviter que le bouchon des flacons de vernis à ongles ne colle à la bouteille, mettez un peu de vaseline à l'intérieur du bouchon ou sur le flacon.

LES CHEVEUX

À l'époque où les fronts épilés faisaient fureur, les fashion victims évitaient la repousse des cheveux en portant un petit bandage trempé dans du vinaigre enrichi de crottes de chats. Cette mixture peu engageante ne fait plus d'émules. Mais le vinaigre a toujours la cote dans les traitements capillaires.

Cheveux abîmés

Pour réparer les dégâts, mélangez 1 cuiller à café de vinaigre de cidre avec 2 cuillers à soupe d'huile d'olive et 3 blancs d'œufs. Appliquez et recouvrez d'une charlotte et d'une serviette chaude. Laissez pauser ½ heure. Rincez et faites votre shampoing habituel.

Shampooing

Les médecins arabes de l'antiquité recommandaient de se laver les cheveux avec de l'urine de chamelle pour les faire pousser.

Vinaigre de cidre et shampoing

Ajoutez 1 cuiller à soupe de vinaigre de cidre à votre bouteille de shampooing et secouez vigoureusement. Ce shampooing enrichi élimine les résidus de gel ou de laque et restaure-le pH de votre scalp.

Vinaigre de cidre, huile d'olive, citron et 1 jaune d'œuf

Préparez une mayonnaise avec 30 gr d'huile d'olive, 1 jaune d'œuf, 1 cuiller à café de vinaigre et 1 cuiller à café de jus de citron. Utilisez comme un shampoing ordinaire.

Après-shampooing

Ajoutez du vinaigre à l'eau rinçage pour éliminer les résidus de shampoing, d'après-shampoing, de laque, de gel ou de tout ce que vous avez pu mettre sur vos cheveux.

Pour avoir les cheveux bien brillants

Citron jaune ou vert et vinaigre de cidre

Vos cheveux scintilleront sous le soleil ou les projecteurs si vous les rincez avec 1 cuiller à soupe de jus de citron et 1 cuiller à soupe de vinaigre dans 1 litre d'eau.

Vinaigre de cidre, miel et mélasse

Dans 1 verre d'eau, mélangez 1 cuiller à soupe de vinaigre, 1 cuiller à soupe de miel et 1 cuiller à soupe de mélasse. Versez sur les cheveux lavés et mouillés et laissez pauser ¼ heure. Rincez avec ½ cuiller à soupe de vinaigre dilué dans 2 tasses d'eau chaude.

Cheveux gras

Vinaigre à l'orange

Mettez ½ tasse de zeste d'orange râpé, ½ tasse de feuilles d'oranger et ½ tasses de fleurs d'oranger dans un bocal. Recouvrez avec 1 litre de vinaigre chaud. Fermez hermétiquement et secouez tous les jours pendant 3 semaines. Utilisez pour vos cheveux et comme lotion astringente pour le visage.

Vinaigre à la lavande.

Voir recette page

Ravivez la couleur

Pline rapporte diverses recettes pour teindre les cheveux blancs avec des sangsues bouillies dans le vinaigre ou pour raviver la couleur des cheveux noirs avec de l'antimoine mélangé à de la graisse animale, de la cendre d'absinthe et des feuilles de cyprès fermentées et saturées dans le vinaigre.

Quintus Sammonicus Serenus confirme que « le cyprès, la feuille du lentisque, la graine amère de l'hièble broyée dans du vinaigre, donnent une teinture très propre à noircir les cheveux[8]. » Quant à Trotula de Salerne, elle teignait ses cheveux noirs avec une préparation à base de rouille, de brou de noix et d'alun bouillis dans du vinaigre. Elle filtrait cette concoction, se lavait les cheveux à l'eau puis avec ce vinaigre et enveloppait ses cheveux dans un joli turban pendant 2 jours et 2 nuits. Une fois rincé, ses cheveux étaient aussi noirs et brillants que les plumes des corbeaux.

8. *De medicina praecepta.*

Les vinaigres à utiliser varient selon la couleur de vos cheveux mais la recette reste la même :

Comptez 1 tasse de vinaigre pour 2 tasses d'eau. Appliquez sur les cheveux mouillés après le shampoing. Laissez pauser 5 minutes et rincez.

- **Pour les cheveux blonds.**
  Vinaigre blanc ou vinaigre de cidre.
- **Pour les cheveux roux.**
  Vinaigre de framboise.
- **Pour les cheveux bruns ou noirs.**
  Vinaigre de vin rouge ou vinaigre balsamique.

Vous pouvez aussi préparer un vinaigre pour raviver la couleur et traiter vos cheveux avec des plantes.

Mettez 2 cuillers à soupe de la plante ou des plantes adaptées à vos cheveux dans un récipient et recouvrez avec ½ litre d'eau bouillante. Laissez infuser 2 heures. Filtrez et versez dans une bouteille. Ajoutez ½ litre de vinaigre de cidre et secouez pour bien mélanger.

- **Pour les cheveux blonds** : camomille. Et faites comme les jolies Vénitiennes de Botticelli, vaporisez du vinaigre sur vos cheveux et mettez-vous au soleil. Il faudra recommencer plusieurs fois mais ça marche.
- **Pour les cheveux roux** : henné.
- **Pour les cheveux foncés** : persil et romarin.
- **Pour foncer les cheveux gris** : sauge.
- **Pour les cheveux colorés** : ajoutez un peu de vinaigre blanc à la dernière eau de rinçage. La couleur tiendra plus longtemps.

SOS cheveux

Cheveux verts

Les cheveux blonds teints virent parfois au vert, souvent au contact du chlore contenu dans l'eau des piscines.

En préventif, frictionnez vos cheveux avec ½ tasse de vinaigre et laissez poser ¼ heure avant de plonger.

En curatif, commencez par rincer vos cheveux avec de l'eau gazeuse. Puis lavez vos cheveux avec du vinaigre de cidre, recouvrez avec du film étirable pendant ¼ heure, rincez et faites votre shampooing.

Démangeaisons du cuir chevelu

Trempez votre brosse dans un verre d'eau additionné d'une cuiller à café de vinaigre et brossez vos cheveux.

Frisottis ou permanente

Pour éliminer les frisottis ou une permanente, diluez 1 verre de vinaigre dans 1 litre d'eau pour effectuer le dernier rinçage après chaque shampoing.

Pellicules

Trotula de Salerne se débarrassait des pellicules avec une préparation d'orties trempées pendant 3 jours dans le vinaigre. Elle recommandait de se laver les cheveux puis d'appliquer ce vinaigre aux orties.

Les acides et les enzymes du vinaigre de cidre tuent les bactéries qui sont l'une des causes des problèmes du cuir chevelu. Le traitement le plus simple est le vinaigre de cidre, seul ou associé à la lavande ou la menthe.

Vinaigre

Mélangez en quantités égales du vinaigre et de l'eau que vous versez sur vos cheveux. Ne rincez pas.

Ou

Après vos shampooings et après-shampooing, faites tiédir 1 tasse de vinaigre de cidre. Versez-le sur vos cheveux, recouvrez-les avec un film étirable pendant ½ heure et rincez.

Vinaigre de lavande

Diluez 1 volume de vinaigre de lavande dans 8 volumes d'eau pour votre dernier de rinçage.

Rinçage à la menthe

Faites bouillir 1 tasse d'eau avec 1 tasse de vinaigre et 1 poignée de menthe fraîche (poignée de menthe séchée). Filtrez et versez dans une bouteille. Massez-vous le cuir chevelu avec ce vinaigre et laissez sécher sans rincer.

Traitement avant le shampooing

Huile d'olive et vinaigre de cidre

Faites chauffer ½ de tasse d'huile d'olive, ajoutez 4 cuillers à soupe de vinaigre. Massez-vous le cuir chevelu, enveloppez d'un film alimentaire étirable pendant ¼ heure, rincez et faites votre shampooing.

Œufs, huile d'olive et vinaigre

Mélangez 3 œufs, 2 cuillers à soupe d'huile d'olive et 1 cuiller à café de vinaigre. Appliquez sur les cheveux et recouvrez d'une charlotte ou de film étirable. Laissez pauser ½ heure. Rincez et faites votre shampooing.

Chute des cheveux

Voir chute des cheveux (vinaigre santé page).

Pline donne une recette efficace pour faire repousser les cheveux en frottant les plaques chauves avec du bicarbonate, puis en appliquant un mélange de vinaigre, safran, poivre, et déjections de souris[9].

Vinaigre de riz

En Chine, on recommande un massage du cuir chevelu avec du vinaigre de riz pour rendre les cheveux doux et brillants et ralentir la chute.

Vinaigre et piment de Cayenne

Patricia Bragg[10] recommande un massage du cuir chevelu 1 heure avant le shampoing avec du vinaigre *hot*. Mélangez 2 cuillers à soupe de vinaigre de cidre additionné avec une pincée de piment de Cayenne.

Odeurs

Si vos cheveux ont absorbé des odeurs déplaisantes comme celles de la fumée ou de la friture, prenez un flacon vaporisateur et versez 1 volume de vinaigre de cidre dans 10 volumes d'eau. Vaporisez sur l'ensemble de la chevelure en prenant soin d'éviter les yeux. Les maladroites ont intérêt à mettre leurs lunettes de piscine.

Laissez pauser au moins 6 heures avant de rincer. Si l'odeur persiste, recommencer l'opération.

9. *Natural History XXII,* 104.
10. Bragg P : *Apple Cider Vinegar- Miracle Health System*, Health science.

Éliminer un parfum

Vous avez essayé un parfum que vous détestez et qui refuse de disparaître. Frottez ou vaporisez un peu de vinaigre blanc à l'endroit où vous avez vaporisé le parfum. Le vinaigre le neutralisera.

Nettoyer les lunettes

Préparez votre produit à nettoyer les lunettes avec un mélange moitié eau moitié vinaigre. Mettez-en dans un petit vaporisateur pour en avoir toujours avec vous.

LA CUISINE

Un produit de nettoyage économique et écologique

La plupart des produits de nettoyage sont soit chers soit toxiques. Et il en faut plusieurs pour nettoyer les différentes surfaces. Mais il en existe un qui nettoie pratiquement tout, qui n'est pas cher et qui n'est pas toxique : *le vinaigre blanc ou vinaigre d'alcool.*

Ce vinaigre à tout faire est un désinfectant doux, qui désodorise, nettoie le carrelage, les carreaux, les miroirs, dissout le calcaire et la graisse, enlève les traces de savon, les moisissures, fait briller le métal, blanchit et adoucit le linge et tue les mauvaises herbes sans polluer.

Si on ne sait pratiquement rien sur les effets toxiques des plus de 100 000 molécules chimiques qui se trouvent dans les produits quotidiens[1] courants, on sait que le vinaigre ne nous empoisonnera pas.

1. Selon une enquête de l'Airc (Agence Internationale de recherche contre le cancer).

Si vous deviez vous limiter à 3 produits pour le ménage, les *must* de la fée du logis écologique sont le vinaigre, le bon vieux bicarbonate – qui désodorise, nettoie, polit, enlève les taches et assouplit le linge – et le liquide vaisselle. Les autres, vous les avez dans vos placards : l'eau gazeuse, le sel et l'huile. Ajoutez quelques chiffons et des gants et vous avez la mallette complète pour faire rutiler votre cocon douillet.

Vous pouvez préparer vos propres produits et les mettre dans des bouteilles en plastique vides recyclées. Conservez celles avec un vaporisateur très pratique pour les carreaux et cibler les taches.

Produit à tout faire

Mélangez 1 tasse de vinaigre et 2 cuillers à soupe de bicarbonate ou de sel dans 1 litre d'eau chaude.

Si les parfums des produits nettoyants vous manquent, pas de problème. Ajoutez quelques gouttes d'huiles essentielles à vos bouteilles ou faites une petite préparation.

Mettez une poignée de lavande, de romarin, de sauge et de thym dans un bocal. Remplissez au ¾ et recouvrez de vinaigre d'alcool. Laissez reposer au soleil pendant 2 ou 3 semaines. Filtrez et mettez en bouteille. Ajoutez un peu de bicarbonate et le tour est joué.

Produit pour le verre, le métal et le plastic

Remplissez 1 bouteille avec 1 spray avec 2/3 d'eau, 1/3 de vinaigre et 2 gouttes de liquide vaisselle.

Plans de travail

Attaquez les plans de travail et la table en les frottant avec du vinaigre seul ou avec un peu de bicarbonate.

Vaporisez les surfaces en formica et en plastique avec du vinaigre, attendez 30 minutes puis saupoudrez avec du bicarbonate. Frottez et rincez.

Éliminez les insectes dans vos placards

Est-ce que des indésirables squattent vos placards? Remplissez 1 petit bol avec 1,5 tasse de vinaigre et quelques gouttes de liquide vaisselle. Mettez dans le placard occupé pendant une semaine. Le mélange va attirer les vilaines bestioles qui vont tomber dans le liquide et se noyer. Après cette extermination massive, videz vos placards et nettoyez-les avec le produit à tout faire ou avec un mélange eau, vinaigre et liquide vaisselle. Nettoyez bien toutes les boîtes et autres emballages avant de les remettre en place.

Planche à découper

Les planches à découper en plastique sont plus hygiéniques. Pour les nettoyer, il suffit d'un petit coup d'éponge trempée dans du vinaigre.

Si vous utilisez des planches en bois, saupoudrez-les de bicarbonate puis arrosez-les généreusement de vinaigre. Attendez qu'il n'y ait plus de bulles pour tout rincer.

Carrelage

Mélangez un ½ verre de bicarbonate, 2 verres de vinaigre dans 1 seau d'eau chaude et vous voilà prête à jouer les tornades blanches.

Pour nettoyer les joints jaunis ou noircis, frottez-les avec un mélange de bicarbonate et de vinaigre.

Évier

Votre évier en acier inoxydable est affreux, tout terne et décoré de traces. Frottez-le avec du bicarbonate sur une éponge humide et rincez avec du vinaigre.

Utilisez du vinaigre ou de l'eau gazeuse pour effacer les traces d'eau.

Si votre évier est affreusement sale, saupoudrez-le généreusement de bicarbonate, frottez un peu et versez du vinaigre sur toute la surface. Ce spectaculaire mélange effervescent va tout nettoyer.

Maintenant qu'il est propre, faites-le étinceler en le frottant avec un peu d'huile d'olive ou d'eau gazeuse.

Rendez sa blancheur à un évier blanc en émail ou en porcelaine avec du vinaigre, laissez agir 10 minutes, saupoudrez avec du bicarbonate, frottez et rincez.

Ou frottez-le avec du bicarbonate, versez du vinaigre – chaud si l'évier est très sale – sur le bicarbonate, laissez agir, frottez et rincez.

Astiquez la robinetterie avec du vinaigre. Utilisez une vieille brosse à dents pour bien frotter dans tous les recoins.

Pour enlever les traces de calcaire tenaces, trempez un chiffon dans le vinaigre, mettez autour du robinet et recouvrez de film étirable pendant un moment avant de rincer.

Pour désodoriser l'évier, versez 1 tasse de vinaigre une fois par semaine dans l'évacuation de l'évier le soir. Laissez agir la nuit.

L'évier refoule

Pour que le siphon de votre évier reste propre, versez 1 tasse de bicarbonate dans l'évacuation de l'évier, puis 1 tasse de vinaigre blanc. Attendez un quart d'heure avant de faire couler de l'eau très chaude.

Réfrigérateur et congélateur

Un peu de vinaigre sur une éponge mouillée nettoie parfaitement vos réfrigérateurs et congélateur. De plus il a une action antibactérienne, anti-moisissures et anti-pourrissement. Frottez et rincez avec de l'eau ou de l'eau gazeuse.

Si quelques taches font de la résistance, frottez-les avec une pâte de bicarbonate et d'eau. Rincez soigneusement avec du vinaigre. Cette pâte nettoie aussi, sans les rayer, toutes les surfaces émaillées et les surfaces en inox.

Vous pouvez également nettoyer votre réfrigérateur et votre congélateur avec un mélange d'eau et de vinaigre.

Rafraîchissez vos bacs à glaçons

Désinfectez vos bacs à glaçons en plastique de temps en temps en les faisant tremper dans du vinaigre pur pendant quelques heures. Rincez à l'eau claire.

Pour effacer les odeurs vraiment tenaces, videz le réfrigérateur ou le congélateur et lavez-les avec du vinaigre et du bicarbonate. Puis, mettez ½ tasse de café fraîchement moulu dans une assiette. Laissez agir le café pendant la nuit. Le lendemain, ces odeurs effroyables auront disparu. Jetez le café.

Four

Pour éviter que la graisse ne forme une pellicule sur les parois du four, essuyez-les avec une éponge imbibée de vinaigre.

À moins que votre four ne soit affreusement encrassé, une éponge mouillée trempée dans du bicarbonate ou dans une solution de bicarbonate et de vinaigre devrait suffire.

La sauce du rôti a giclé sur les parois du four et la tarte aux pommes a débordé. Si le four est encore chaud, saupoudrez les projections, éclaboussures et autres débordements avec du sel ou du bicarbonate. Si les projections sont sèches, mouillez-les avant de les recouvrir de sel ou de bicarbonate. Attendez que le four soit froid pour les gratter et laver le four.

Si le four est affreusement encrassé, sortez l'artillerie lourde : faites une pâte avec 1 tasse de vinaigre et ¼ de tasse de lessive en poudre. Faites chauffer le four à 350° pendant 5 minutes et éteignez. Étalez cette pâte sur les parois en mettant une couche plus épaisse sur les parties les plus encrassées. Laissez 1 heure puis grattez avec une spatule en plastique. Rincez avec une éponge imbibée de vinaigre.

Gril

Nettoyez le gril en frottant énergiquement avec une boule de papier-alu trempée dans du vinaigre.

La lèchefrite est noire, couverte de graisse ? Il ne vous reste plus qu'à préparer 1 tasse de vinaigre avec 2 cuillers à soupe de sucre. Appliquez la mixture sur la lèchefrite chaude. Laissez macérer 1 heure avant de décoller tout ça en frottant légèrement avec une grattounnette.

Plaque de cuisson

Pour nettoyer les plaques de cuisson en verre ou en vitrocéramique sans les rayer tout en enlevant la graisse tenace, frottez-les avec une éponge imbibée de vinaigre.

Si, comme Carole, la contemplation de la musculature avantageuse des joueurs de rugby vous fait vous oublier votre casserole sur la plaque de cuisson toute neuve, réparez les dégâts et sauvez votre couple avec une pâte de bicarbonate et de vinaigre.

Hotte aspirante

Éliminez graisses, poussières et autres horreurs avec votre petite éponge plongée dans le vinaigre. Faites subir le même traitement aux filtres avant de les passer au lave-vaisselle.

Crédence murale et murs

Pour retirer les projections de graisse sur les murs de la cuisine ou sur votre nouvelle crédence murale en verre dépoli vert olive, frottez-les avec une éponge imbibée de vinaigre.

Poubelles

Désinfectez et désodorisez vos poubelles avec du vinaigre.

Éponges encrassées

Mettez-les à tremper dans 1 litre d'eau et ¼ de tasse de vinaigre

Lave-vaisselle

Pour avoir un lave-vaisselle bien propre, remplacez le produit de lavage par 1 tasse de vinaigre et faites un cycle de lavage complet à vide une fois par mois.

Il sera toujours bien propre et votre vaisselle sera impeccable si vous ajoutez 1 tasse de vinaigre dans le compartiment du liquide de rinçage et lavez votre vaisselle comme d'habitude.

Et il sentira bon si vous pensez à saupoudrer une demi-tasse de bicarbonate dans le fond, entre 2 lavages.

Idem lorsque vous partez en vacances. Dans ce cas, laissez-le entrouvert.

Vous êtes en panne de produit pour le lave-vaisselle? Pas de panique. Faites comme si de rien n'était et remplacez le produit de lavage par du bicarbonate et le produit de rinçage par du vinaigre. Et vous verrez que votre vaisselle sera impeccable et votre vie de couple plus sereine.

Pour optimiser votre produit pour lave-vaisselle – vous pouvez prendre le moins cher – il suffit d'ajouter quelques cuillers à soupe de vinaigre.

Vaisselle

Pour la corvée de vaisselle à faire à la main, facilitez la tâche du préposé à la plonge en ajoutant 3-4 cuillers à soupe de vinaigre au liquide vaisselle. Secouez et voilà, vous avez entre les mains un optimiseur de liquide vaisselle qui, non content de décupler les performances anti-graisse de votre produit habituel, est super économique. Vous en utilisez moins pour laver plus et mieux.

Ajoutez aussi 1 cuiller à soupe de vinaigre à l'eau de vaisselle pour dégraisser et désodoriser vos plats.

Casseroles, cocottes, plats, poêles etc.

Pour venir à bout des plats encrassés par de la nourriture qui s'accroche, ajoutez 1 cuiller à soupe de vinaigre à l'eau de vaisselle.

Les aliments ont brûlé au fond d'une cocotte, d'une casserole, d'une poêle ou d'un plat. Inutile de vous escrimez à frotter et d'attraper une tendinite du type *tennis elbow.* Restez cool et recouvrez le fond du récipient encrassé avec du vinaigre, faites bouillir, laissez refroidir puis retirez sans effort les vieux restes qui se rendront sans résistance.

Pour un plat que vous ne pouvez pas poser sur le feu, faites bouillir du vinaigre additionné de sel et versez-le dans le plat. Attendez 1 heure ou 2 et adieux les reliefs brûlés.

Frottez un récipient très gras avec du sel fin puis saupoudrez généreusement avec du bicarbonate et versez du vinaigre bouillant par-dessus. Laissez tremper pendant la nuit.

Si vous êtes pressée, versez 1 tasse de vinaigre et 2 cuillers à soupe de bicarbonate dans le récipient encrassé. Faites bouillir, réduisez le feu et laissez frémir pendant 5 minutes. Retirez du feu et frottez.

Pour détacher de la graisse brûlée, remplissez le plat ou la casserole d'eau bouillante, mettez du bicarbonate ou des comprimés d'aspirine effervescente dans le plat avec ½ tasse de vinaigre. Laissez agir pendant 1 heure et frottez.

Détartrez vos casseroles et cocottes en les remplissant de vinaigre. Laissez agir pendant la nuit et rincez.

Faites rutiler vos casseroles en acier inoxydables en les plongeant dans 2 tasses de vinaigre pendant ½ heure. Lavez-les à l'eau chaude comme d'habitude et rincez-les à l'eau froide.

Vos ustensiles en acier inoxydable ont triste mine avec leurs taches de graisse et de nourriture. Effacez tout ça dans un récipient d'eau additionnée d'1 tasse de vinaigre. Faites bouillir 5 minutes. Frottez puis lavez comme d'habitude.

Les poêles antiadhésives ne sont pas anti-taches. Pour retirer les taches sans rayer la poêle, essuyez-la avec une éponge imbibée de vinaigre.

Pour venir à bout des taches récalcitrantes, mettez 2 cuillers à soupe de bicarbonate, ½ tasse de vinaigre et 1 tasse d'eau dans la poêle et faites bouillir pendant 10 minutes.

Fabriquer votre pâte à récurer rapide et rusée pour les cocottes et les casseroles, y compris les casseroles en cuivre. Mélangez en quantités égales du sel et de la farine. Ajoutez juste assez de vinaigre pour faire une pâte. Frottez les endroits sales puis rincez à l'eau chaude.

Enlevez les taches de rouille sur les casseroles en cuivre, les ustensiles en argent et en acier en les frottant avec un linge trempé dans du vinaigre.

Détachez les pots et casseroles en aluminium en les remplissant avec de l'eau vinaigrée – 1 cuiller à café de vinaigre par tasse d'eau. Faites bouillir 2 minutes et rincez à l'eau froide.

Désodorisez vos ustensiles en aluminium dans une eau de vaisselle bien chaude additionnée de vinaigre.

Décollez la nourriture attachée sur les plats à four en verre n'est plus un cauchemar. Remplissez-les avec 1 tasse de vinaigre et 4 tasses d'eau et faites amenez lentement la mixture à ébullition. Laissez frémir 5 minutes et laissez refroidir. Les reliefs du repas devraient se détacher facilement.

Faites briller les plats émaillés décolorés à l'aide d'une pâte de sel et de vinaigre.

Chopes et tasses

Enlevez les traces tenaces de thé et de café sur vos tasses et vos chopes en les remplissant avec un mélange d'eau et de vinaigre ou en les frottant avec une pâte de bicarbonate ou de sel et de vinaigre.

Porcelaine

Des taches de thé font désordre sur vos tasses en porcelaine. Éradiquez ces traces disgracieuses dans un bain bouillant composé d'une part de vinaigre pour 1 part d'eau. Puis lavez comme d'habitude dans de l'eau chaude savonneuse.

Le lave-vaisselle ternit toujours un peu la porcelaine. Pour rendre leur éclat perdu aux tasses, aux assiettes ou aux plats, frottez-les avec un chiffon en coton imbibé de vinaigre. Pas de panique, l'odeur se dissipe rapidement.

Donnez une cure de jouvence à votre porcelaine de Chine et vos verres de gala en ajoutant 1 tasse de vinaigre à l'eau de vaisselle bien chaude. Laissez-les faire trempette un petit moment puis rincez et essuyez.

Verres

Ajoutez 1 cuiller à soupe de sel et de vinaigre à l'eau de vaisselle pour laver et faire scintiller verres et couverts.

Vos verres brilleront de mille feux après un trempage dans 1 mélange de bicarbonate et de vinaigre ou de sel et de vinaigre.

Frottez-les avec une pâte de sel et de vinaigre. Rincez-les soigneusement à l'eau chaude.

Ajoutez cuiller à soupe de vinaigre à l'eau de rinçage des vases, verres et bibelots en cristal.

Carafes

Rien de plus triste qu'une carafe en cristal entartrée. Rendez-lui sa brillance avec du vinaigre. Remplissez-la et laissez reposer une nuit.

Pour les taches récalcitrantes passez au plan B : Videz une partie du vinaigre et ajoutez quelques cuillers à soupe de riz ou de sable dans la carafe. Secouez-la avec force vigueur. Rincez et répétez le processus jusqu'à disparition totale des traces.

Si les taches résistent toujours, il ne vous reste plus qu'à prier sainte Rita ou à classer votre carafe dans les causes perdues.

Bocaux

Désodorisez les bocaux et les pots en verre en les lavant avec du vinaigre avant de leur faire passer une nuit au réfrigérateur.

Saladiers

Lavez les saladiers et les couverts à salade en bois neuf dans une solution d'eau vinaigrée.

Pour désodoriser les saladiers neufs en bois laqué, lavez-les avec l'eau de lavage du riz additionnée de vinaigre.

Ciseaux

Nettoyez des ciseaux qui collent après avoir découpé des bandes adhésives par exemple, avec un chiffon trempé dans du vinaigre.

Biberon

Pour retirer les traces qui ternissent le biberon de votre bébé, remplissez le biberon avec un mélange chaud moitié eau moitié vinaigre. Laissez reposer 1 heure et frottez vigoureusement avec un écouvillon.

Jouets

Lavez et désinfectez les jouets de bébé avec de l'eau chaude, du liquide vaisselle et une tasse de vinaigre.

Nettoyez les livres de bébé en vinyle et en carton avec une éponge imbibée de vinaigre.

Récipients en plastique

Pour les nettoyer et les rénovez, lavez-les avec une pâte de bicarbonate et de vinaigre dans 1/2 litre d'eau bien chaude.

Bouilloire

Pour détartrer votre bouilloire, videz toute l'eau et remplissez-la de vinaigre. Laissez agir pendant la nuit, videz le vinaigre, remplissez-la d'eau. Faites bouillir, jeter l'eau et rincer avant de vous faire un petit thé.

Maintenant que votre bouilloire est bien propre, mettez-y une coquille d'huître : le calcaire se déposera sur la coquille qui vous évitera de la détartrer.

Cafetière et théière

Évitez que votre machine à café ne s'entartre ou détartrez-la en remplissant le réservoir d'eau avec du vinaigre. Laissez agir ½ heure puis mettez la cafetière en route et faites-lui faire un cycle complet. Une fois que tout le vinaigre est passé répétez l'opération avec de l'eau claire.

Ouvre-boîtes électrique

Les lames de votre ouvre-boîtes sont honteusement encrassées. Faites une intervention sanitaire avec une brosse à dents trempée dans du vinaigre. Placez-la sur le côté et le fil de la roue, mettez l'engin en marche pour que la lame frotte sur la brosse.

Acier inoxydable

La moindre trace fait désordre, mais l'acier est facile à nettoyer.

Effacez les taches d'eau avec un peu d'eau gazeuse et du vinaigre. Et faites briller avec un chiffon doux et quelques gouttes d'huile d'olive, d'huile pour bébé, de l'après-shampooing ou de l'eau gazeuse.

Enlevez les projections de graisse ou de sauce sur l'acier avec une pâte de bicarbonate et de vinaigre. Frottez et rincez avec une éponge imbibée de vinaigre. Faites briller avec un chiffon doux.

Aluminium

Nettoyez-le avec du vinaigre et faites briller en mélangeant quelques gouttes d'huile et d'alcool à brûler.

Argenterie

Si vous avez un peu de temps, mettre vos couverts ou autres objets en argent dans un récipient, recouvrez-les avec du lait et 1 cuiller à soupe de vinaigre par ½ litre de lait. Laissez agir pendant la nuit, rincez et frottez avec un chiffon doux.

Si votre argenterie est piquée de petites taches noires, plongez-la dans un bain de vinaigre chaud pendant 15 minutes.

Pour que l'argent ternisse moins rapidement une fois nettoyé, frottez-le avec un peu d'après-shampooing, de l'huile d'olive ou de la vaseline.

Pour que vos couverts ne noircissent pas trop rapidement, rangez-les avec une boule de camphre ou un morceau de craie.

Bronze

Brillantez vos bronzes avec une pâte à sel. Faites fondre 1 cuiller à café de sel dans 1 tasse de vinaigre. Ajoutez de la farine pour faire une pâte que vous étendez sur le bronze. Laissez agir pendant 1 heure ou 2. Rincez à l'eau chaude et astiquez avec un chiffon doux et quelques gouttes d'huile de bain pour bébé.

Cette pâte est parfaite pour nettoyer également le cuivre, l'étain et le laiton.

Plongez des bronzes très sales dans du vinaigre bouillant et essuyez-les avec un chiffon de laine.

Éliminez le vert-de-gris en brossant vos bronzes avec une brosse à dents trempée dans du vinaigre additionné de sel fondu. Rincez et séchez.

Donnez du poli aux bronzes ternis avec du vinaigre Rincez et faites briller.

Chromes

Décrassez vos chromes avec un chiffon imbibé de vinaigre.
Enlevez les points de rouille en frottant avec une boule de papier-alu trempée dans du vinaigre.

Cuivres

Si vos cuivres sont très oxydés, jetez une poignée de sel marin dans du vinaigre d'alcool bouillant. Plongez les objets tachés de vert-de-gris. Laissez agir et rincez soigneusement.

Faites resplendir vos cuivres en les saupoudrant de bicarbonate et en les arrosant de vinaigre. Attendez 15 minutes avant de rincer et de frotter avec un chiffon doux.
Vous pouvez aussi les décaper avec 3 cuillers à soupe de sel et 1 cuiller à soupe de vinaigre chaud. Frottez et faites-les briller avec un chiffon doux.
Un petit coup de laque à cheveux, d'après shampooing, d'huile d'olive ou de vaseline sur le cuivre et le laiton les empêcheront de ternir trop rapidement.

Étain

Donnez de l'éclat à l'étain en le nettoyant avec 1 cuiller à café de sel dissout dans 1 tasse de vinaigre.

Laiton

Mouillez-le avec du vinaigre et frottez avec du sel. Rincez à l'eau chaude et lustrez avec un chiffon doux imbibé d'huile d'olive. Le laiton sera bien brillant et noircira moins rapidement.

Préparez une pâte avec du sel et vinaigre et frottez. Rincez et polissez avec un chiffon doux et de l'huile d'olive.

Pour faire étinceler le laiton, frottez-le avec une peau de chamois trempée dans du vinaigre. Faites-le briller une fois par semaine.

Sur l'étagère des cuisiniers

On parle toujours des extravagances de cette pauvre Cléopâtre qui, pour épater le beau Marc Antoine, a négligemment déposé sa boucle d'oreille gauche en perles dans une coupe de vinaigre. Tout ça pour gagner le pari du repas le plus cher de la terre – 1 million de sesterces soit 500 000 dollars et pas n'importe lesquels. Des dollars indexés sur l'étalon or ! Il est grand temps de rétablir la parité dans le monde des paniers percés et de signaler que, non seulement Caligula faisait subir le même traitement à ses perles hors de prix, mais qu'il le faisait régulièrement.

Non pas dans le but de séduire une quelconque créature de rêve mais seulement histoire de repousser toujours plus loin la stimulation de ses pauvres papilles lassées. Ce grand benêt aurait mieux fait de congédier son cuisinier, car pour épater les papilles, il existe d'autres mélanges autrement plus excitants que les perles au vinaigre. Même Mahomet aurait été d'accord, lui qui disait que le vinaigre était l'un des meilleurs des condiments[1].

1. Sahih Muslim Book 023, Number 5091.

On dit qu'il existe plus de 4000 vinaigres différents, ce qui n'est pas étonnant et sûrement en deçà de la vérité lorsqu'on sait qu'on peut faire du vinaigre avec n'importe quel alcool. Comme par exemple le vinaigre de palmier, les vinaigres de céréales à partir de maïs, de sorgho, de seigle ou de froment. Les vinaigres de sève à base de sirop d'érable ou de sève de dattier. Ou encore le vinaigre de lait Suisse.

Il y a des milliers d'années, les humains ont découvert par hasard mais avec ravissement que du jus de fruit oublié dans une jarre produisait un liquide délicieusement enivrant. Puis, ils ont découvert avec horreur cette fois, que ce même breuvage devenait aigre. Il leur a fallu pas mal de temps et un soutien psychologique pour surmonter ce terrible choc avant d'apprendre à apprécier et utiliser l'aigre liquide.

Les premiers témoignages écrits de 5000 av. JC indiquent que les Babyloniens faisaient du vinaigre de dattes, de bière et sans doute avec tous les alcools qu'ils avaient sous la main. Un ancien proverbe babylonien dit que « la bière devenue aigre trouve le chemin de la cuisine ». Et sûrement des feux de camp ! Les Égyptiens et les Grecs eux aussi connaissaient la bière aigre. Les Chinois utilisaient également le procédé de fermentation pour faire du vinaigre de riz et d'arbousier, il y a plus de 4000 ans de cela. En Inde, le vinaigre de sève de palmier est encore plus ancien.

La découverte du vin aigre et de ses propriétés est probablement fortuite. Un fruit ou un légume retrouvé intact après un séjour non planifié et prolongé au fond d'une jarre de vinaigre a sans doute mis les cuisiniers mésopotamiens sur la voie de la conservation acide. Inutile de préciser qu'ils ont rapidement été conquis par ses pouvoirs de conservation et ses propriétés désinfectantes.

Avec le vinaigre, ils pouvaient nettoyer et conserver le gibier et les légumes. Une fois les vertus de cette merveilleuse concoction portées aux nues, tout liquide sucré est devenu prétexte à la fabrication d'un nouveau vinaigre : le vin, la bière, le jus de fruits, le bois, etc. De Mésopotamie en Chine, en passant par l'Égypte et la Grèce, tous les chefs de l'antiquité étaient fous de vinaigre.

Apicius et ses petits camarades Archestratos et Diodore de Sicile de la brigade des gourmets galopants utilisaient moult vinaigre dans toutes leurs concoctions. L'acide breuvage a traversé les siècles sans prendre une ride et vous connaissez la suite…

Au panthéon des vinaigres, on trouve :

Le vinaigre balsamique

Le vinaigre balsamique était un trésor familial, offert pour corrompre les papes et les rois. Le document le plus ancien le mentionnant est un poème intitulé *Vita Mathildis* (La vie de Mathilde, Comtesse de Canossa) commis par Donizone, un moine bénédictin du XIe siècle. Il mentionne une bouteille de vinaigre vieux à l'odeur délicieuse obtenue grâce à divers baumes[2] que Bonifacio, marquis de Canossa, a offert à l'empereur Henri III pour son couronnement en 1046.

Et pas n'importe comment ! Il lui a envoyé le précieux liquide dans un tonneau en argent massif sur un attelage tiré par des bœufs, Apparemment le vicomte de Mantoue, rival de Bonifacio, a essayé d'égaler son cadeau en offrant à l'empereur des centaines de chevaux. Quelques siècles plus tard, en 1503, Alfonso I d'Este, Duc de Modène, produisait son propre vinaigre, mais le terme de « balsamique » n'apparaît qu'en 1747 sur le *Registre des récoltes de raisin et ventes de vin de la part de la cave ducale privée.*

Les Étrusques, les Grecs et les Romains fabriquaient déjà des vins à partir de moût cuit de raisin. Et on suppose qu'ils connaissaient aussi l'ancêtre du vinaigre balsamique.

Mais il faut attendre 1860 pour que sa méthode de fabrication soit mise au point. C'est Napoléon qui, malgré lui, a étendu sa production. Lorsque ses soldats se sont emparés du palais ducal de Modène, ils y ont trouvé des tonneaux qu'ils ont revendus à des familles de grands propriétaires qui se sont lancés dans la fabrication de vinaigre.

2. vetus acetus balsamis variis eximiter atque suaviter olens

Le plus doux des vinaigres est un véritable nectar au jus dense, caramélisé, ambré et sirupeux. Plus on attend, plus il se bonifie et prend une saveur sucrée et une teinte sombre. Tellement bon qu'on n'a pas envie de lui ajouter quoi que ce soit. Savourez-le nature sur tout, de l'entrée au dessert. Il se marie admirablement avec les avocats, les salades, les légumes, la viande, le poisson, les fruits rouges, les pêches et le melon. La liste n'est pas exhaustive.

Utilisez-le toujours à la dernière minute pour éviter l'évaporation des arômes. Impossible de dire combien en utiliser. Les prospectus et manuels des producteurs indiquent « que la bonne quantité dépend de la sensibilité de l'utilisateur. » Donc, à vous de tester !

Le vinaigre de canne

La canne à sucre, qui appartient à la famille des bambous, est cultivée pour son jus sucré depuis plus de 2000 ans en Nouvelle Guinée et en Inde. Elle a voyagé jusqu'au Moyen-Orient et les Croisés ont introduit le jus de canne en Europe. Pour son deuxième voyage au Nouveau Monde, Christophe Colomb avait mis des plants de canne à sucre dans ses bagages. Il était loin de se douter à quel point il allait changer l'économie des Caraïbes et du Sud des États-Unis !

Le vinaigre de canne est un grand classique de la cuisine asiatique, surtout aux Philippines – premier producteur mondial loin devant la France et les États-Unis. On pourrait s'attendre à ce qu'il soit sucré comme la canne à sucre, mais que nenni. Il est particulièrement acide. Son nom générique aux Philippines est *sukang maasim* ou vinaigre sur. Très sec, avec un goût de rhum il fait littéralement exploser les plats de poissons antillais.

Le vinaigre de cidre

Il est sûrement né en Égypte puisque des pommiers poussaient déjà dans le delta du Nil en 1300 av. J.-C. La pomme occupe une place de choix dans la littérature, du fruit défendu de Bible à la pomme de la discorde d'Homère. C'est un vinaigre fin, doux, au goût de pomme.

Excellent pour les vinaigrettes, surtout si vous ajoutez 1 cuiller à café de miel. Utilisez-le pour déglacer un rôti de porc, égayer les marinades, les chutneys et autres condiments robustes. Plus doux que le vinaigre de vin, il ne masque pas la finesse d'aliments comme le poisson, les crustacés et les fruits. Il est parfait pour les conserves au vinaigre mais il donne une teinte plus foncée aux légumes clairs, comme les bouquets de chou-fleur.

Le vinaigre de malt

C'est un vinaigre de bière, probablement aussi vieux qu'elle. Les Chinois buvaient de la bière en 7000 av. J.-C. On la trouve aussi en Égypte et en Mésopotamie – aujourd'hui l'Irak, berceau de la civilisation – où ce breuvage est incontournable à l'époque. C'est du moins ce que dit en 3000 av. JC *L'Épopée de Gilgamesh*: « Mange du pain Enkidu, C'est indispensable pour vivre. Bois de la bière: Ici c'est obligatoire ».

Doux et délicieux, le vinaigre de malt est aussi méconnu que méprisé. Le vrai vinaigre de malt est difficile à trouver. Pourtant cette denrée rare fait des merveilles avec les poissons et les frites, les marinades et les conserves. C'est un allié de choix pour les chutneys, ketchups et compotes de fruits. Sans oublier qu'il sublime comme personne les concombres frais.

Le vinaigre de miel

C'est un dérivé de l'hydromel dont les premières traces de fabrication datent de l'âge de bronze. C'était la boisson servie aux dieux nordiques pendant les festins par les walkyries préposées au remplissage des cornes d'hydromel. On dit que la lune de miel est née à Babylone. Le père de la marié fournissait de l'hydromel que les tourtereaux buvaient pendant tout un mois lunaire pour concevoir un enfant mâle. Le vinaigre de miel est fabriqué uniquement avec du miel frais dilué dans de l'eau. Après fermentation, c'est un joli vinaigre clair et parfumé qui fait des merveilles avec le foie gras et les coulis de fruits.

Le vinaigre de riz

Vieux de 3000 ans, les vinaigres de riz sont aussi variés que les vinaigres de vin. Il y en a des blancs, des rouges et des noirs. Les vinaigres japonais sont plus doux, moelleux et parfumés. Les vinaigres chinois plus piquants, puissants et aigres. Parfaits pour les sauces aigres-douces, divins avec du gingembre, du piment ou du sésame, ils font des miracles dans les marinades. Pour émoustiller les papilles endormies de vos invités, essayez une vinaigrette avec du vinaigre de riz, de l'huile de sésame, un trait de sauce de soja et un soupçon de Tabasco. Rien de tel pour réveiller une salade de pousses d'épinards. Pour le garder des années, conservez-le au frais à l'abri de la lumière.

Le vinaigre de vin

Les études sérieuses sur la fermentation commencent au XVIIIe siècle. En 1730, Boerhaave, un chimiste allemand met en évidence trois types de fermentation : la fermentation spiritueuse ou transformation des sucres en alcool, la fermentation acétique ou transformation de l'alcool en vinaigre et la fermentation putride ou putréfaction du vin. À la même époque, son compatriote Stahl, réussit à définir le rôle de l'alcool dans la fermentation acétique.

Un siècle plus tard, Persoon, un botaniste hollandais, découvre avec émotion en 1822 le micro-organisme qui provoque la fermentation – aujourd'hui baptisé acétobacter. Mais c'est Pasteur qui, en 1863, découvre le pot aux roses : le vinaigre naît de la transformation de l'alcool par la fermentation d'une solution d'acide acétique. Ce sont les bactéries acétiques qui s'en chargent. Elles raffolent de l'alcool et du sucre mais ont absolument besoin d'oxygène.

Le vin aigre auquel le vinaigre doit son nom remonte à l'Antiquité. À cette époque Dionysos, Bacchus et les autres divinités spécialisés dans la production de la vigne, du vin, des alcools et du vinaigre s'occupent de tout.

La fabrication du vinaigre était accompagnée de cérémonies religieuses afin de lui conférer des pouvoirs médicinaux. Les premières recettes de vinaigre commencent à circuler au premier siècle de notre ère. Au Moyen âge, les alchimistes prennent la relève en récitant des incantations.

Au fil des siècles, des artisans se spécialisent dans la fabrication de l'aigre liquide. Baptisés vinaigriers, ils se regroupent en corporations. Au Moyen Âge, en France, il est impossible d'entrer dans leur puissante corporation sans prêter le serment solennel de ne jamais révéler les secrets de sa fabrication.

En 1394 Charles VI donne ses statuts à la corporation des vinaigriers d'Orléans. Henri III complète la réglementation des maîtres vinaigriers d'Orléans. Louis XII les érige en corps de métier, et, dans les lettres patentes qu'il leur accorde, ils sont qualifiés de « sauciers, moutardiers, vinaigriers, distillateurs en eau-de-vie et esprit-de-vin, buffetiers ». En 1580, Henry IV ordonne que la profession de vinaigrier-moutardier soit « métier juré en la ville et ses faubourgs ». Au XVIIe et au XVIIIe siècle, les vinaigriers-moutardiers ajoutent à leur gamme la fabrication des vinaigres de toilette à l'usage des dames.

Il existe des dizaines de variétés de vinaigres de vin : rouge, blanc, rosé et champagne. La qualité du vinaigre dépend bien entendu de la qualité du vin. Utilisez-les pour dynamiser vos vinaigrettes, donner du peps à vos mayonnaises. Ils feront exploser vos marinades et attendriront les viandes plus rapidement. Excellent pour donner du mordant aux sauces et aux soupes et pour déglacer viandes et légumes.

Le vinaigre de Xérès

Lorsque Jerez s'appelait Céret, des millions d'amphores de vins étaient expédiées à Rome. C'est à cette époque que le *Vinum Ceretensis* s'est forgé sa réputation à l'international. C'est la haute teneur en alcool de ce vin qui a fait son succès parce qu'elle garantissait une bonne conservation et l'empêchait de tourner au vinaigre pendant le transport. Fort heureusement, il y a eu de ratées et le vinaigre de Xérès est né.

Un délice longtemps inavouable, car personne n'aurait osé se réjouir ouvertement lorsqu'un un vieil amontillado partait en vinaigre. Cette exquise délicatesse espagnole a du coffre. Avec son goût de noix et de vin fortifié, il déglace avec classe les viandes rôties, sautées ou frites. Il rehausse toutes les sauces, chaudes ou froides. Il exhale toutes les saveurs, vivifie et égaie tous les plats y compris les desserts.

Oaky le vinaigre de fumée de charbon de chêne

Pour **stimuler un bon fonctionnement des systèmes métaboliques et biologiques** tels que le foie (problèmes hépatiques de toutes origines), le ***pancréas*** (glycémie, problèmes de digestion), les ***intestins***.

En cas de problèmes hépatiques ou pancréatiques, 2 ml dans 50 à 100 ml d'eau après les 3 principaux repas pendant plusieurs mois jusqu'à consolidation et amélioration des paramètres sanguins.

Ponctuellement en cas de problèmes digestifs ou d'excès de boisson, de 5 à 8 ml dans 50 ml d'eau en une prise.

OAKY est un produit facilitant l'effort sportif et intellectuel intense et prolongé, amplifiant considérablement le potentiel des performances et des aptitudes physiques et des facultés cérébrales.

Vinaigres parfumés

« Réussir une bonne salade, c'est se montrer brillant diplomate. Dans les deux cas, le problème est le même : savoir exactement quelle quantité d'huile mettre dans son vinaigre. »

Oscar Wilde.

Les vinaigres parfumés aux fines herbes, aux épices, aux fleurs et aux fruits ajoutent une note inattendue et raffinée au plus humble des plats. Vous pouvez utiliser une plante seule, comme pour le vinaigre à la lavande ou essayer des mélanges aussi intéressants pour les papilles que pour la santé. Ne les utilisez-les pas que pour les vinaigrettes, osez-les avec tout, de l'entrée au dessert, sans oublier les boissons, comme la délicieuse *Ginger ale*, qui donne un coup de fouet aux énergies défaillantes.

Pour le vinaigre aux herbes, si vous optez pour un goût marqué, hachez les plantes ou déchirez-les avec les mains. Si vous privilégiez le plaisir des yeux, utilisez des plantes entières.

Utilisez des récipients hermétiques en verre ou en céramique et assurez-vous que les couvercles ne rouilleront pas. Stérilisez-les à l'eau bouillante.

Lavez et séchez soigneusement les plantes. Remplissez le bocal jusqu'en haut et tassez les plantes – ni trop, ni trop peu, juste ce qu'il faut pour faire un matelas pour les fées. Si vous utilisez des racines comme du gingembre par exemple, laissez un espace d'environ 2,5 cm dans le haut.

Comptez 1 tasse de plantes fraîches hachées pour 2 tasses de vinaigre et ½ tasse de plantes séchées pour 2 tasses de vinaigre.

N'UTILISEZ JAMAIS DE RÉCIPIENTS EN ALUMINIUM POUR FAIRE BOUILLIR LE VINAIGRE.

Quand le nom du vinaigre n'est pas indiqué, vous prenez celui que vous aimez : vinaigre de cidre, vinaigre de vin blanc ou vin rouge, vinaigre de Xérès…

Vinaigre aux agrumes

Si vous utilisez des zestes de fruits, prenez des fruits bios.
Versez le vinaigre sur les plantes sans le chauffer et fermer le récipient hermétiquement. Mettez dans un endroit sombre à température ambiante. Secouez le bocal tous les jours pendant 1 semaine puis goûtez. Si le vinaigre est assez parfumé, filtrez et mettez en bouteilles (préalablement stérilisées). Si vous voulez plus de goût, laissez reposer 2 ou 3 semaines de plus en goûtant toutes les semaines.

Vinaigre à l'ail

1 grosse gousse d'ail et 1 litre de vinaigre de cidre ou de vin blanc.
Épluchez les gousses d'ail et coupez-les en deux. Ajoutez-les au vinaigre et fermez la bouteille hermétiquement. Laissez reposer 2 ou 3 mois à l'abri de la lumière. Vérifiez tous les 15 jours pour voir si le goût vous satisfait. Lorsque c'est le cas, filtrez pour retirer les gousses d'ail. Votre vinaigre est prêt.

Vinaigre au gingembre

Pour le vinaigre de gingembre, épluchez et hachez le gingembre, recouvrez de vinaigre de cidre et laissez reposer 10 jours avant de le filtrer. Mettez en bouteille. Conservez au réfrigérateur. Excellent pour faire la mayonnaise ou la vinaigrette.

Et pour vous concocter une délicieuse *Ginger ale*, mélangez 1 cuiller à soupe de ce vinaigre avec ½ cuiller à café de gingembre en poudre et 1 cuiller à café de miel dans un grand verre d'eau gazeuse.

Vinaigre au piment

Faites des entailles sur 5 petits piments de Cayenne ou piments oiseau frais. Ajoutez 10 grains de poivre noir, 1 gousse d'ail écrasée et ½ cuiller à café de sel. Mettez dans un bocal et recouvrez de vinaigre que vous avez amené à ébullition. Fermez hermétiquement et laissez reposer 2 semaines avant de vous en servir.

N'oubliez pas de mettre des étiquettes sur les bouteilles avec les plantes utilisées et la date de mise en bouteille.

Vinaigre rosat

« À côté de ce plat paraissaient deux salades,
L'une de pourpier jaune, et l'autre d'herbes fades,
Dont l'huile de fort loin saisissait l'odorat,
Et nageait dans des flots de vinaigre rosat. »
Nicolas Boileau, Les Satires, Satire III, 1660.

Vous pouvez essayer la recette que donne Alexandre Dumas[3] :

« *Vinaigre rosat*, suivant l'ancienne et bonne méthode indiquée par madame Fouquet. Prenez un quarteron de feuilles de roses d'églantier ou de roses communes, et autant de mûres sauvages qui ne seront pas à leur parfaite maturité ; ajoutez une once d'épines-vinettes bien mûres ; faites sécher le tout à l'ombre ; quand cela sera bien sec, vous le pilerez et réduirez en poudre très fine ; vous mettrez ensuite une demi-once de cette poudre dans un demi-setier de bon vin rouge ou blanc ; vous délayerez ce mélange et le laisserez ensuite reposer, vous le passerez au travers d'un linge, et vous aurez du vinaigre rosat. Un ancien auteur a dit qu'on obtenait le même résultat avec de la moelle de lièvre ; il indique son procédé de cette manière : un gros de moelle de lièvre que vous mettez dans une chopine de vin. »

Si vous voulez faire plus simple :
Versez un litre de vinaigre, blanc ou rouge, sur 100 grammes de pétales de roses rouges sèches dont vous aurez ôté la base (l'onglet). Laissez macérer quinze jours dans un bocal fermé, en ayant soin de l'agiter de temps en temps.

Épatez vos amis en assaisonnant vos salades avec une vinaigrette au vinaigre rosat.

Quelques mariages réussis

Le vinaigre de cidre

Se marie bien avec les plantes fortes comme le gingembre, l'ail, le piment, les capucines ou avec les mélanges suivants :

- Aneth, laurier et ail.
- Raifort, échalote et piment.
- Aneth, graines de moutarde, ail et zeste de citron.
- Estragon, ciboulette, zeste de citron, échalote et ail.
- Ail, basilic, noix de muscade et clous de girofle.

3. Dumas A: Le grand dictionnaire de cuisine, 1873.

Le vinaigre de vin rouge

Excellent avec les saveurs marquées :

- Thym, romarin, fenouil, marjolaine et ail.
- Romarin, sauge, basilic, laurier et ail.
- Coriandre, sauge, romarin, laurier et piment.
- Thym, zeste de citron, romarin et grains de poivre noir.
- Ail, piment et grains de poivre noir.
- Basilic, marjolaine, ail et grains de poivre noir.
- Thym, romarin, marjolaine et basilic.
- Sauge, persil et échalote.
- Coriandre, piment et ail.
- Citronnelle, verveine citronnée, zeste de citrons et grains de poivre vert.

Le vinaigre de vin blanc

S'accorde ave tout. On l'utilise surtout lorsque la couleur finale est importante, comme avec du basilic violet qui donne un magnifique vinaigre rose. Essayez-le en solo avec du gingembre, de la lavande, du cassis, du miel, des gousses de vanille ou testez les mélanges :

- Basilic, persil, fenouil et ail.
- Zeste d'orange, menthe, graines de coriandre et ail.
- Aneth, basilic, estragon et zeste de citron.
- Menthe, zeste de citron et basilic citronné.
- Romarin, thym, marjolaine, lavande, laurier, ail et piment.

Vinaigre de Xérès

Essayez-le en solo avec de la cannelle ou avec les mélanges ;

- Persil, thym, romarin et laurier.
- Basilic, romarin, estragon, aneth, menthe, ciboulette, ail, oseille.
- Sauge, baies quatre-épices, clous de girofle et 1 bâton de cannelle.
- Romarin, marjolaine, sauge, basilic, persil, ail et grains de poivre noir.
- Échalote, thym et laurier.

Vinaigre de champagne

Excellent pour les vinaigres à l'estragon, aux fleurs comme la lavande, les pétales de roses ou de violettes ou avec les mélanges :

- Zestes de citron, citronnelle, verveine citronnée.
- Zestes de citron vert et citronnelle.

Vinaigre de riz

Excellent en solo avec du gingembre, de l'ail, du piment ou un mélange d'épices fortes :

- Gingembre frais épluché et coupé en lamelles, piments, grains de poivre, clous de girofle et 1 bâton de cannelle.

Essayez ce vinaigre thaïlandais

2/3 de tasse de piments oiseau épépinés et émincés. Mettez dans un bocal de 500 g et recouvrez de vinaigre de riz ou de noix de coco si vous en trouvez. Laissez reposer 1 semaine avant de vous en servir. Conservez au réfrigérateur.

Vous pouvez aussi faire 1 mélange moitié piment moitié gingembre.

Vinaigre du maquis

1 branche de thym frais, 1 branche de romarin frais, 1 feuille de laurier, 1 grosse gousse d'ail épluché, 1 zeste de citron, 2 tasses de vinaigre de vin blanc. Mettez le tout dans un bocal hermétique et laissez reposer à l'abri de la lumière pendant 1 mois. Ce vinaigre se conserve pendant 2-3 mois au frais et à l'abri de la lumière.

Vinaigre aux herbes et aux épices

3 tasses de vinaigre de vin rouge, 3 clous de girofle, 1 feuille de laurier écrasée, ¼ de tasse de marjolaine fraîche émincée, ¼ de tasse de basilic frais émincé, ¼ de tasse d'aneth fraîche émincée, 1 cuiller à café de poivre moulu et ¼ de cuiller à café de quatre-épices en poudre.

Mettez tous les ingrédients dans un bocal hermétique et laissez reposer à l'abri de la lumière pendant 6 semaines. Filtrez et mettez en bouteille.

Vinaigre aux épices mexicaines

Mettez quelques branches de coriandre et de marjolaine fraîche avec 2 cuillers à café de graines de cumin et deux petits piments séchés dans une bouteille de vinaigre de cidre ou de vin.

Vinaigre aux épices du Maghreb

Mettez des écorces de citron séché, quelques branches de coriandre et de menthe fraîche et un bâton de cannelle dans une bouteille de vinaigre de vin blanc ou de champagne.

Vinaigre aux épices d'Orient

Épluchez et émincez 10 cm de gingembre frais. Coupez la base d'1 bâton de citronnelle, retirez l'enveloppe externe et coupez en deux dans le sens de la longueur. Mettez dans un bocal en verre avec deux tasses de vinaigre de riz et, 6 grains de poivre noir. Fermez et laissez infuser pendant 1 semaine. Filtrez et mettez en bouteille. Ce vinaigre se conserve 1 an.

Vinaigre aux épices japonaises

Dans un bocal hermétique en verre, mettez 3 cuillers à café de poivre de Sichuan, 3 cuillers à café d'écorce d'orange ou de mandarine séchée émincée, 3 cuillers à café de piment en poudre, 1 cuiller à café de graines de sésame noir, 1 cuiller à café de graines de sésame blanc ou de graines de pavot, 2 cuillers à café d'ail en poudre. Recouvrez de vinaigre de riz *kurosu*. Laissez reposer pendant 1 mois avant de filtrer. Mettez en bouteille.

Vous pouvez aussi fabriquer des vinaigres aux fruits facilement.

Vinaigre rapide aux mangues et piments

Ajoutez une note instantanée d'exotisme, de l'entrée au dessert, aux légumes, poissons, viandes blanches, glaces ou yaourt avec ce vinaigre original.

Il vous faut 1 bouteille de vinaigre de vin blanc ou de cidre, 1 belle mangue épluchée et coupée en lamelles et 2 piments oiseau rouges épépinés et émincés.

Mettez la mangue et les piments dans une bouteille et remplissez avec le vinaigre. Fermez soigneusement et laissez reposer. Ce vinaigre se conservera longtemps au frais, à l'abri de la lumière et à condition que la mangue et les piments soient toujours recouverts de vinaigre.

Vinaigre aux myrtilles

Il vous faut 1 tasse de myrtilles, 3 tasses de vinaigre de vin blanc ou de champagne, du vinaigre pour compléter, 2 cuillers à soupe de miel et 1 bâton de cannelle. Réservez 1 cuiller à soupe de myrtilles. Mettez le reste des myrtilles avec le miel dans une casserole avec le vinaigre. Amenez lentement à ébullition, réduisez et laissez frémir pendant 8 minutes. Filtrez et versez dans un bocal hermétique. Ajoutez le reste des myrtilles et le bâton de cannelle. Ajoutez suffisamment de vinaigre pour remplir le bocal. Fermez et laissez reposer au moins 6 mois.

Vinaigres rapides aux groseilles, au cassis, aux framboises, aux myrtilles ou aux mûres, aux kiwis, etc.

Remplissez à moitié un bocal avec l'un des fruits écrasés, recouvrez avec du vinaigre de champagne ou de vin blanc. Mettez au réfrigérateur pendant 2 semaines, filtrez, mettez en bouteille et conservez au réfrigérateur.

Le vinaigre de cassis fait une marinade exquise pour l'agneau ou le poulet. Il est tout simplement délicieux sur des légumes rôtis, divin dans les vinaigrettes et parfait pour déglacer les viandes. Ajoutez-le aux sauces des rôtis. Essayez-le avec de l'huile d'olive pour tremper le pain.

Osez une vinaigrette de framboise au basilic frais. Préparez cette recette avec de l'huile d'olive, du vinaigre de framboise, des feuilles de basilic effilochées, 1 gousse d'ail, 2 échalotes et 2 tomates bien mûres. Passez le tout au mixeur et servez avec des pâtes. C'est aussi une marinade fabuleuse pour le gibier ou une petite sauce géniale avec des pommes de terre au four ou des légumes de votre choix.

Le vinaigre au kiwi est parfait pour ajouter une petite touche tropicale à n'importe quelle vinaigrette. Il sublime les viandes rouges et déglace délicieusement le saumon.

Boissons branchées au vinaigre

Longtemps avant que les ***fashionistas*** *furieusement branchées de* ***kurozu*** *bars de Tokyo ou de Beijing, les boissons au vinaigre rafraîchissaient les belles pendant les étés brûlants aux XVIIIe et XIXe siècles avant de céder la place aux sodas.*

Vinaigre aux framboises

Essayez cette vieille recette canadienne[4]. Prenez 3 litres de framboises fraîches, 1 litre de vinaigre de vin blanc, de champagne ou de cidre et 1 kg de sucre. Mettez les framboises dans un récipient et recouvrez avec le vinaigre.

Laissez reposer en remuant 1 fois par jour. Filtrez et faites bouillir avec le sucre pendant 20 minutes. Écumez la surface pendant l'ébullition. Mettez en bouteilles et attendez que le liquide soit froid avant de les fermer. Ce vinaigre se conserve très longtemps. Il est excellent avec tout et se déguste avec délice dans un grand verre d'eau gazeuse glacée. En prime, il soigne les maux de gorge à raison d'1 cuiller à café dans 1 grand verre d'eau 6 fois par jour.

Vinaigre à l'ananas

Vous pouvez remplacer l'ananas par du cassis, des mûres, des framboises, des groseilles ou n'importe quel fruit de votre choix. Cette recette était servie aux invités des *garden parties* sur les pelouses de la Maison Blanche au début du XXe siècle. Un ancien majordome a publié un livre de recettes[5] avec un auteur de livre de cuisine. Comme quoi, on n'a rien inventé.

4. Richards Amy G : *Cookery*, E M Renouf, Montreal, 1895
5. Ziemann Hugo & Mrs F L Gillette : *The White House Cook Book*, The Saalfield Publishing Company, New York, 1913.

Découpez l'ananas en tranches et recouvrez avec du vinaigre de cidre. Laissez reposer 3 ou 4 jours. Écrasez et mettez dans un linge pour exprimer le jus. Puis ajoutez le sucre. Pour chaque litre de jus, il vous faut 1,750 kg de sucre. Amenez à ébullition et laissez bouillir pendant 10 minutes. Écumez régulièrement tout ce qui monte à la surface. Retirez du feu. Laissez refroidir et mettez en bouteilles.

Mélangez 1 cuiller à soupe dans un verre d'eau glacée ou versez-la sur de la glace pilée.

Pour avoir une pêche d'enfer et une peau de rêve, essayez quelques-uns des cocktails servis dans les bars à vinaigre japonais ou chinois : 2 cuillers à café de vinaigre de riz dans un grand verre de lait de soja, ou de yaourt liquide ou de jus d'orange ou de jus de myrtilles.

Fabriquez votre vinaigre

Fabriquer son vinaigre est aussi tendance que facile. Par contre, il est impossible de faire du bon vinaigre avec un vin ou un cidre médiocre. Très souvent, explique Lawrence J Diggs[6], conservateur du musée international du vinaigre à Roslyn dans le Dakota, les gens jettent un vin meilleur que le vinaigre qu'ils achètent. Donc, avant de jeter avec regret les restes de pinot noir dans l'évier ou de vous faire violence pour les finir, réfléchissez! Avec un peu de temps, ils feront un excellent vinaigre.

Une simple exposition de jus, vin, cidre ou d'un liquide sucré à l'air libre est suffisante pour faire du vinaigre. Les documents anciens mentionnent des jus de fruits oubliés au soleil et retrouvés quelques semaines plus tard avec un goût aigre. Le vinaigre est un jus de fruit doublement fermenté. Il subit une première fermentation pour devenir de l'alcool, puis une seconde pour se transformer en vinaigre.

Si vous décidez de vous lancer, il vaut mieux commencer par une petite quantité de vin, de cidre ou de ce que vous voulez. La mode est aux vinaigres « variété unique » faits avec du Cabernet, du Merlot, du Bourgogne, du champagne ou du Xérès. Gabrielle, grande faiseuse de vinaigre vous dira qu'il est plus facile de faire du vinaigre de vin rouge que du vinaigre de vin blanc. Le procédé est évidemment le même, mais le problème, c'est qu'après un repas, il reste rarement du vin blanc.

N'essayez pas de faire du vinaigre avec des vins qui contiennent des conservateurs. Les vins très alcoolisés ne sont pas recommandés non plus. Un vin jeune et sec se prêtera plus facilement au processus. Pour démarrer la production l'idéal est un vin entre 7 et 8 °C.

Vous pouvez décider de laisser faire la nature – l'air apporte les bactéries.

6. Diggs LJ: *Vinegar: The User-Friendly Standard Text Reference & Guide to Appreciating, Making and Enjoying Vinegar*, iUniverse, 2000.

Vous pouvez aussi donner un petit coup de pouce en ajoutant à votre vin :

- un peu de vinaigre artisanal non pasteurisé donc vivant dans la proportion 1/3 de vinaigre et 2/3 de vin ou de cidre sec bouché ou de jus de pomme frais.

Ce que qu'on appelle la « mère » du vinaigre est un voile d'acétobacters, une pellicule fine, translucide et très fragile qui flotte à la surface et se frippe au moindre contact. Avec le temps elle s'épaissit et devient visqueuse. La production de vinaigre n'est possible que si la mère flotte à la surface. Lorsque l'accumulation devient trop importante, ces bactéries meurent et forment une espèce de vilaine méduse rougeâtre qui tombe au fond de la bouteille ou du vinaigrier et dont il faut vous débarrasser.

Pour commencer, il vous faut un récipient – vinaigrier, pot en terre cuite, verre sombre, etc. – de préférence avec un robinet, mais ce n'est pas indispensable et une ouverture assez large pour que l'air puisse circuler. N'oubliez pas de recouvrir l'ouverture d'un linge pour protéger votre précieux liquide. N'utilisez jamais d'aluminium ou de fer. Le verre – que vous pouvez peindre s'il est transparent – le grès, la céramique sont parfaits. Mettez votre pot ou votre bouteille à l'abri de la lumière, dans un endroit sec et aéré, à une température entre 20 et 30°. L'air et la chaleur favorisent la production. Les bactéries du vinaigre sont inactives au-dessous de 10 °C. Évitez de bouger le récipient. Dans de bonnes conditions, un début de voile va apparaître au bout de 2 semaines en été et 2 mois (ou plus) en hiver. Votre culture est née. À ce moment, il faut rajouter délicatement du vin sans déranger la culture. Et laisser à nouveau reposer le contenu pendant environ 3 semaines avant de prélever du vinaigre.

Il est plus facile de créer une culture à partir de vin rouge que de vin blanc. Mais on peut faire du vinaigre blanc à partir d'une culture d'acétobacters de vinaigre de vin rouge.

Le vinaigre, rosé pour commencer, devient de plus en plus clair au fur et à mesure des ajouts et du soutirage. On peut également préparer un vinaigre à partir de blanc de Champagne, de Xérès, etc. Pour faire du vinaigre de cidre, seul le seul cidre bouché, sec et non pasteurisé peut donner du vinaigre.

Une fois que vous avez la culture, ajoutez délicatement le vin ou le cidre sans abîmer le voile d'acétobacters.

Recouvrez-la de vin et puis recouvrez le récipient avec un linge propre ou un bouchon de liège. Conservez à température ambiante, dans un endroit chaud et aéré comme la cuisine. Laissez le processus suivre son cours. Goûtez le vinaigre de temps en temps. Lorsqu'il est à votre goût, tirez-le mais n'oubliez pas de laisser toujours un fond d'ancien vinaigre pour amorcer une nouvelle production.

Filtrez votre vinaigre avec un filtre à café mais attendez 1 semaine avant de le mettre en bouteille. S'il n'y a pas la moindre trace de voile sur la surface, vous pouvez le mettre en bouteille. Attendez au moins 6 mois avant de l'utiliser.

Si malgré ces précautions une nouvelle mère se forme dans la bouteille, vous pouvez l'y laisser, la filtrer, l'utiliser pour démarrer une nouvelle production dans un autre vinaigrier ou l'offrir à un futur faiseur de vinaigre.

Et si, à n'importe quel stade du processus, vous avez l'impression qu'il y a un problème, que l'odeur est peu engageante, ou que des choses, autres que la mère, flottent à la surface, soyez sans pitié. Jetez le tout et recommencez.

Les petits plats au vinaigre

Contrairement aux idées reçues, le coq au vin n'est pas une recette française. Hé non ! Ce fleuron de la gastronomie gauloise, est une concoction culinaire née il y a des milliers d'années en Mésopotamie. Les Mésopotamiens connaissaient la plupart des préparations, des types de cuisson et des procédés de conservation des aliments, sans oublier qu'ils ont même inventé les tavernes ! Des tablettes en akkadien, datant de 1700 av. JC et traduites par l'assyriologue Jean Bottéro[7] sont les premières recettes de cuisine écrites découvertes à ce jour. Parmi elles, soigneusement notée en écriture cunéiforme, figure l'ancêtre de celle du coq au vin qui en fait est un pigeon au vinaigre, mais dans les grandes lignes, c'est bien ça.

Gazpacho

Véritable trésor pour la santé. Tout est frais et cru. Pas étonnant que le célèbre nutritionniste espagnol Dr Gregorio Marañón l'ait décrit comme « une combinaison empirique des plus sages de tous les principes de base de l'alimentation saine[8]. » Faites le plein de vitamines comme les *Femmes au bord de la crise de nerfs* d'Almodovar. Dopez-vous au *gazpacho*, glacé en été et chaud en hiver.

Coupez 1 kg de tomates bien mûres en gros morceaux, épluchez et épépinez un concombre et coupez en gros morceaux. Épluchez 1 petit oignon jaune et coupez en gros morceaux. Épépinez 1 poivron rouge et coupez en gros morceau. Épépinez 1 piment vert et coupez en gros morceaux.

Épluchez 4 gousses d'ail. Mettez tous ces légumes au mixeur avec 2 verres d'eau. Passez au chinois. Remettez au mixeur ajoutez 3 cuillers à soupe de vinaigre de Xérès ou tout autre vinaigre de votre choix, ½ de tasse d'huile d'olive, salez et poivrez. Mettez au réfrigérateur. Décorez avec des feuilles de basilic.

7. Bottéro Jean : *La plus vieille cuisine du monde* ; Louis Audibert, 2002. Bottéro, Jean : *Textes culinaires mésopotamiens* ; Eisenbrauns, 1995. Bottéro, Jean : *The Culinary Tablets at Yale, Journal of the American Oriental Society* 107 (1987) :11.

8. Delgado C : *In the Raw, Recipes*, in : Slow Food, Carlo Petrini ed., Chelsea Green Publishing Company, 2001

Chou rouge au vinaigre balsamique et au gingembre

Le chou rouge est bourré de vitamines, y compris de vitamines B, de calcium, de flavonoïdes – ces merveilleux pigments antioxydants qui lui donnent sa belle couleur. Les pommes aussi sont riches en vitamines et flavonoïdes. Le vinaigre favorise l'absorption de toutes ces bonnes choses.

Il vous faut 1 cuiller à soupe d'huile d'olive, ¾ de tasse d'oignons rouges hachés, 1 chou rouge émincé, 5 cm de gingembre frais épluché et râpé, 1 tasse de vinaigre de cidre, sel, poivre, 3 cuillers à soupes de miel, 2 pommes épluchées et émincées, ¼ de tasse de vinaigre balsamique.

Faites chauffer l'huile d'olive, ajoutez l'oignon, le chou et le gingembre et faites revenir en remuant sans arrêt pendant environ 2 minutes sur feu vif. Ajoutez le vinaigre de cidre et le miel. Mélangez, couvrez et mijotez pendant 10 minutes. Salez, poivrez et ajoutez les pommes et laissez mijoter pendant 10 minutes de plus en remuant de temps en temps. Ajoutez le vinaigre balsamique et vérifiez l'assaisonnement.

Pour corser un peu, vous pouvez ajouter de l'ail.
Si vous préférez le chou caramélisé, faites-le cuire sans couvercle.
Vous pouvez remplacer le vinaigre de cidre par du vinaigre de vin rouge.

Maquereaux marinés

Les poissons gras comme le saumon ou le thon sont riches en Oméga 3. Faites mariner des filets de maquereaux ou d'autres poissons gras dans l'un de vos vinaigres parfumés ou préparez un vinaigre aux épices de votre choix. Essayez le vinaigre de cidre ou de riz pour changer un peu.

Mettez les filets de poisson dans un plat creux, arrosez de jus de citron vert. Dans une casserole, mettez 5 cm de gingembre émincé, ½ bâton de cannelle, 1 petit piment, 1 clou de girofle, du poivre en grain, 1 zeste de citron vert. Ajoutez le vinaigre de cidre et amenez à ébullition. Laissez mijoter 2 minutes et versez sur le poisson qui doit être entièrement recouvert. Laissez refroidir et mettez au réfrigérateur 24 heures avant de déguster.

Essayez la même recette avec d'autres épices ou herbes culinaires de votre choix.

Sardines marinées

Voilà un plat simple que vous pouvez préparer sur la plage si vous voulez jouer les Robinson.

Lorsque vous nettoyez les sardines, ne les rincez jamais à l'eau douce.

Comptez 12 sardines par personne, 1 tomate par personne, quelques gousses d'ail, sel, poivre, piments frais ou séchés, huile d'olive et vinaigre de cidre ou balsamique.

Épépinez les tomates. Épépinez et émincez les piments. Écrasez les gousses d'ail. Mettez dans un plat avec les sardines. Mélangez le sel et le poivre avec l'huile et le vinaigre. Versez sur les sardines et laissez reposer 2 ou 3 heures. Dégustez avec de belles tranches de pain.

Saumon au *miso*

Le *miso* est une pâte de soja fermenté qu'on trouve dans les magasins diététiques, asiatiques et certains supermarchés. Pour cette recette, excellente pour le cœur, il vous faut 1 filet de saumon, 10 cm de gingembre frais épluché et coupé en tranches, 6 petits poireaux fins coupés en 4 dans le sens de la longueur.

Pour la sauce, ¼ de tasse de vinaigre de riz ou de cidre, 2 cuillers à soupe de *miso*, ½ cuiller à café de gingembre en poudre

Salade mélangée : roquette, frisée, mesclun etc.

Préchauffez le four. Mettez une feuille de papier-alu assez grande pour faire une papillote autour du saumon. Frottez le saumon avec une tranche de gingembre et un peu de sel. Mettez au centre du papier-alu. Recouvrez avec le poireau et le gingembre. Faites une papillote et laissez cuire 30 minutes.

Faites chauffer le vinaigre, il ne doit pas bouillir. Ajoutez le miso et la poudre de gingembre. Mettez le saumon sur un plat, servez chaud ou froid avec la sauce et la salade.

Sushis au thon

Sushi signifie riz vinaigré. Cédez sans remords à la mode des *sushis* qui associent le vinaigre de riz, le gingembre, la sauce soja, riche en protéines et en fer et les algues séchées aux qualités nutritionnelles exceptionnelles. Sans oublier le riz, riche en minéraux comme le phosphore et en vitamine B1.

Il vous faut 2 tasses de riz à sushi ou de riz rond, 4 feuilles de *nori* – algues séchées qu'on trouve maintenant en supermarché – 1 cuiller à soupe de graines de sésame, 250 gr de thon, de saumon ou tout autre poisson gras frais haché, 1 cuiller à soupe de mayonnaise avec 1 cuiller à café de vinaigre aux épices japonaises. Du gingembre au vinaigre et de la sauce de soja pour tremper les *sushis*.

Faites cuire le riz dans 2,5 tasses d'eau salée et 1 cuiller à café de vinaigre de riz. Laissez refroidir. Mélangez le poisson à la mayonnaise. Mettez 1 feuille de *nori* sur une serviette, recouvrez avec du riz en laissant une bande de 2 cm en haut et en bas.

Saupoudrez de graines de sésame. Étalez le poisson au centre, dans le sens de la largeur. Puis roulez en partant de la base près de vous. Appuyez bien fort en roulant vers le haut. Avec un couteau très aiguisé, coupez ce boudin en deux, puis chaque moitié en 3 pour faire 6 tranches. Répétez l'opération avec le reste des feuilles de *nori*. Présentez avec du gingembre au vinaigre et des coupelles de sauce de soja additionnée de vinaigre de riz pour tremper les *sushis*.

Les conserves au vinaigre ou pickles

Quoi de plus banal que des cornichons au vinaigre ? Les plus anciens connus à ce jour sont des ***cucumis sativus*** *confits dans le vinaigre vers 2040 av. JC en Mésopotamie*[9]*. À l'époque, le cornichon n'avait rien de commun. Ce mets de choix avait sa place à la table des rois et dans la Bible. Les Égyptiens en raffolaient. Cléopâtre, fan des délicatesses au vinaigre, leur attribuait des vertus esthétiques. Aristote militait plutôt pour leurs vertus curatives.*

Quant à Jules César, il aurait mangé ses sandales à talons rouges plutôt que de partir en guerre sans cornichons. D'ailleurs il les a fait inclure dans les rations de ses légionnaires.

Les samouraïs faisaient comme Jules César et emportaient leur umeboshi dans leur paquetage. Ces vénérables prunes confites dans le sel et le vinaigre avaient pour mission d'assaisonner le riz, purifier l'eau et le sang, stimuler la digestion, éliminer les toxines, effacer les effets secondaires des libations excessives, combattre la fatigue et prévenir la maladie.

Dans le bottin des célébrités accros aux cornichons on trouve l'empereur Tibère qui ne pouvait se passer de ses cornichons quotidiens, il les cultivait dans des serres avec une pierre transparente laissant filtrer le soleil. C'est dire !

Dans la médiévale et perfide Albion, le roi John en faisait le plat principal des célèbres banquets. La reine Élizabeth les adorait, tout comme Amerigo Vespucci, qui avant d'embrasser la carrière d'explorateur, vendait des conserves au vinaigre à Séville. Bien naturellement, il a embarqué ses précieuses conserves qui ont évité aux marins d'attraper le scorbut.

Christophe Colomb n'était pas en reste. C'est lui qui a donné les cornichons au Nouveau monde. Il en avait spécialement pour les mettre en conserve à Haïti.

9. Terebelski D, Ralph N : Pickle History Timeline, *New York Food Museum*, 2003.

Napoléon craquait pour eux et les fait incorporer aux rations des soldats pour leur donner des forces. George Washington avait un penchant pour les pickles. Il en possédait 476 différents dont aucun n'arrivait à la cheville des cornichons de la tante Sally de Thomas Jefferson. « Lorsqu'il fait chaud en Virginie, je ne connais rien de plus réconfortant que d'excellents cornichons épicés que l'on remonte comme une truite des profondeurs étincelantes du bocal aromatique caché sous l'escalier de la cave de Tante Sally. »

À ce jour, personne n'a retrouvé la recette secrète de Tante Sally qui l'a sans doute emportée dans la tombe.

Dans les conserves au vinaigre tout est bon. Vous connaissez maintenant les vertus du vinaigre de qualité, mais aussi des fruits, des légumes et des épices utilisés.

Pickles chinois pour contrer les effets secondaires des agapes du nouvel an

Rien de tel que des légumes au vinaigre pour soulager des excès des fêtes de fin d'année. Mélangez des piments, du piment en poudre, du poivre, du gingembre frais émincé et quelques légumes émincés de votre choix. Mettez les légumes dans un bocal rempli au ¾. Faites chauffer le vinaigre avec les épices. Laissez refroidir et versez sur les légumes pour recouvrir entièrement. Fermez hermétiquement. Laissez reposer 3 jours avant de vous soigner avec cette préparation.

Méli-mélo rapide et rusé

Un petit cocktail de légumes pour un condiment facile à préparer, consommable au bout de 24 heures et qui se conserve pendant un an.

Il vous faut 1 grand bocal hermétique en verre, 150 gr d'oignons grelots, branches de céleri, 2 pommes reinettes, 1 poivron rouge, 50 gr de raisins secs, 1 carotte et quelques petits bouquets de chou-fleur, 12,5 cl de sauce soja, 50 cl de vinaigre de vin blanc sec ou de Xérès, piment en poudre.

Épluchez les oignons. Épluchez, épépinez les pommes et coupez-les en tranches. Effilez les branches de céleri et émincez-les en lamelles. Épluchez et émincez la carotte. Épépinez et émincez le poivron, Répartissez ces légumes dans un bocal propre et sec.

Mélangez le vinaigre avec la sauce soja et une pincée de piment. Versez ce mélange sur les légumes. Agitez le bocal pour faire remonter les bulles d'air. Fermez hermétiquement et agitez énergiquement.

Rangez dans un endroit frais et sec, à l'abri de la lumière. Attendez 24 heures avant de consommer.

Cerises au vinaigre

1 kg de cerises, ½ cuiller à café de cannelle en poudre, ½ cuiller à café de macis en poudre, 3 clous de girofle, 1 litre de vinaigre de champagne ou de vin blanc, 200 g de sucre roux.

Lavez et équeutez les cerises. Séchez-les soigneusement et mettez les dans des bocaux hermétiques en verre. Remplissez les bocaux aux ¾. Faites bouillir le vinaigre avec les épices et le sucre pendant 10 minutes. Laissez refroidir et filtrez avant de verser sur les cerises. Fermez hermétiquement. Étiquetez et laissez reposer 2 mois à l'abri de la lumière.

Noix au vinaigre

Une spécialité servie à Noël en Angleterre. Avec du Stilton et des poires, c'est à tomber. Épatez vos amis avec ces merveilles riches en Oméga-3.

Si vous les préparez en été avec des noix vertes, vous pouvez tout utiliser, coquille comprise. Si vous les préparez en automne, la coquille sera trop dure, il faudra les casser et n'utiliser que les noix.

Préparez une saumure avec 100 g de sel par litre d'eau. Piquez les noix avec une fourchette. Mettez-les dans la saumure et portez à ébullition. Retirez du feu et laissez reposer 24 heures.

Jetez la saumure et mettez les noix à sécher sur une grille dans un endroit sec et aéré pendant 2 ou 3 jours. Lorsque les noix sont noires, elles sont prêtes pour le vinaigre.

Pour 2 kg de noix, il vous faut 1 litre de vinaigre de cidre, 500 gr de sucre roux, 1 cuiller de quatre-épices, de clous de girofle et de gingembre frais épluché et râpé. ½ cuiller à café de cannelle et de poivre noir.

Lorsque les noix sont noires, mettez les épices dans le vinaigre et amenez à ébullition. Ajoutez les noix et laissez frémir pendant 15 minutes. Laissez refroidir avant de verser dans des bocaux en verre préalablement stérilisés. Le vinaigre doit recouvrir les noix et les bocaux doivent être pleins. Laissez reposer 2 mois avant de servir.

Et si vous voulez préparer votre Tabasco vous-même, faites comme Edmund McIlhenny, banquier de la Nouvelle Orléans ruiné par la guerre civile. Passez les piments au mixeur, ajoutez 1 tasse de sel pour 4 litres de jus. Laissez mariner pendant 1 mois dans des récipients de verre. Recouvrez de vinaigre de vin blanc, mettez en bouteilles.

Œufs au vinaigre

Ils sont parfaits pour les pique-niques. La conservation au vinaigre est aussi une solution pour les surplus d'œufs dont on ne sait que faire.

Pour 1 douzaine d'œufs, il vaut faut 1 litre de vinaigre de cidre, de vin blanc ou de malt, 6 gousses d'ail, 1 cuiller à soupe de grains de poivre blanc, de grains quatre-épices et 10 cm de gingembre frais émincé.

Mettez les œufs dans une casserole d'eau salée, amener à ébullition, retirez du feu et laissez reposer pendant 20 minutes. Plongez les œufs dans l'eau froide et écalez. Mettez le vinaigre et les épices dans une casserole et faites frémir pendant 10 minutes.

Mettez les œufs dans des bocaux stérilisés. Vous pouvez filtrer le vinaigre ou pas avant de le verser sur les œufs. Fermez hermétiquement les bocaux et mettez-les dans un grand récipient pour stériliser. Remplissez le récipient d'eau pour recouvrir les bocaux. Il doit y avoir au moins 3 cm d'eau au-dessus des bocaux. Amenez à ébullition, couvrez et laissez bouillir 10 minutes. Retirez les bocaux. Vérifiez qu'ils sont bien fermés. Laissez reposer 1 mois avant de goûter les œufs.

Poisson au vinaigre

La première recette connue de poisson au vinaigre est une concoction chinoise pour conserver une carpe épicée et marinée dans l'acétique liquide. Depuis la recette a fait école dans le reste du monde. Les recettes scandinaves de hareng au vinaigre déclinent des épices différentes pour dynamiser ces bestioles consommées avec des pommes de terre à la crème aigre et de la ciboulette comme au temps des Vikings.

Pour la recette de base, les harengs frais sont découpés en filets et placés dans une solution de vinaigre, sel et sucre avec des grains de poivre blanc, feuilles de laurier et oignons crus.

La préparation pour le « hareng du glacier » *Glasmastarsill* est un mélange d'oignons rouges, de carottes, de raifort, poivre blanc et quatre-épices.

Le hareng saur *matjessill* se prépare avec de la cannelle, noix de muscade, marjolaine et poivre.

Le « hareng moutarde » *senapssill* comme son nom l'indique se fait avec de la moutarde, du sucre, des baies de quatre-épices et une feuille de laurier.

Rollmops rapides

Pour faire des rollmops à consommer rapidement, il vous faut des filets de hareng, des cornichons, des cure-dents, 4 tasses de vinaigre de vin blanc ou de cidre, 1 tasse de vin blanc ou de cidre, ¼ de tasse de sel, 1 tasse de sucre, 4 cuillers à soupe du mélange d'épices suivant : cannelle, graines de moutarde, grains de poivre noir, clous de girofle, baies de quatre-épices, de genièvre, macis concassé, graines d'aneth, laurier et gingembre séché ; 5 petits piments séchés et 3 oignons moyens épluchés et émincés.

Faites bouillir 10 minutes le vinaigre avec le vin, le sel, le sucre, les épices mélangées, les piments et les oignons.

Enroulez chaque filet de hareng autour d'un cornichon. Maintenez avec un cure-dent. Pochez les rollmops dans le vinaigre pendant 8 minutes. Laissez refroidir. Versez à la louche dans les bocaux. Fermez hermétiquement et attendez 3 jours avant de consommer.

Le vinaigre pour dépanner

C'est la panne ? Alors pas de panique. Créez vos produits de substitution sans vous faire démasquer.

Si vous n'avez pas de

Citron. Remplacez 1 cuiller à café de jus de citron par ¼ de cuiller à café de vinaigre. Et 1 petite goutte de vinaigre de cidre dans le thé de la voisine le fera passer pour un thé au citron exceptionnel.

Crème aigre. Pour tartiner sur les blinis de Boris, mélangez 1 tasse de cottage cheese, de faisselle ou de fromage blanc avec ¼ de tasse de lait écrémé et 1 cuiller à café de vinaigre. Même sans forcer sur la vodka, il n'y verra que du feu.

Gingembre rouge. La recette de sushi pour épater le patron de votre chéri exige du gingembre rouge que vous n'avez pas. Contournez l'impasse en plongeant votre bon vieux gingembre ordinaire dans l'eau bouillante puis dans le vinaigre jusqu'à ce qu'il devienne rouge. Et le tour est joué.

Levure. En panne de levure pour faire du pain ? Remplacez-la par un astucieux mélange de 4 cuillers à café de bicarbonate et 1 cuiller à café de vinaigre. Et faites comme d'habitude.

Œuf. Il vous manque 1 œuf pour faire un gâteau ? Du moment que la recette contient de la levure, vous pouvez remplacer l'œuf par 1 cuiller à soupe de vinaigre blanc.

Ou 1 cuiller à café de bicarbonate dissout dans 1 cuiller à café de vinaigre.

Ou 1 cuiller à café de Maïzena diluée dans 1 cuiller à café de vinaigre. Et augmentez la quantité de liquide de la recette de 3 à 4 cuillères à soupe.

Il vous manque des jaunes d'œufs pour faire 1 gâteau ? Remplacez chaque jaune par 1 cuiller à soupe de vinaigre.

Sel. Remplacez-le par du vinaigre.

Vinaigre. Vous avez du vinaigre, mais bien évidemment pas celui indiqué dans la recette. Alors trichez et remplacez sans vergogne le

- *Vinaigre balsamique* par du vinaigre de Xérès.
- *Vinaigre de champagne* par du vinaigre de cidre.
- *Vinaigre de riz* par du vinaigre de cidre.
- *Vinaigre de vin* par 2 cuillers à soupe de vinaigre de cidre avec 1 cuiller à soupe de vin rouge.

Yaourt. Comment faire votre sauce ou votre gâteau au yaourt sans l'ingrédient éponyme ? Respirez un grand coup et ajoutez 1 cuiller à soupe de vinaigre dans 1 tasse de lait. Et hop, 5 minutes plus tard, c'est prêt.

Les petits secrets des grands chefs

Les chefs utilisent toujours du vinaigre pour laver les aliments, les désinfecter et en retirer l'amertume.

Agneau
Arrosez l'agneau rôti avec du vinaigre avec un peu de miel pendant la cuisson.

Avocats
Éviter qu'ils ne se décolorent en les aspergeant d'un peu de vinaigre.

Béchamel
Donnez un peu d'allant à votre sauce blanche en ajoutant ½ cuiller à café de vinaigre.

Beignets
Ajoutez du vinaigre à la pâte à friture pour donner une jolie forme aux beignets.

Chou
Ajoutez 1 cuiller à soupe de vinaigre à l'eau de cuisson du chou pour en faciliter la digestion et atténuer les odeurs.

Chou fleur
Ajoutez 1 cuiller à soupe de vinaigre à l'eau de cuisson pour qu'il soit bien blanc et atténuer les odeurs.

Citron
Conservez un citron entamé au réfrigérateur, retourné sur une soucoupe avec un peu de vinaigre.

Confitures
Ajoutez un peu de vinaigre à la confiture pour qu'elle reste transparente.

Cornichons

Pour que vos cornichons restent bien croquants mettez un morceau de raifort dans le bocal. Il empêchera le vinaigre de perdre sa force et les cornichons de ramollir ou de moisir.

Épinards fanés

Redonnez-leur de la tenue en les plongeant dans un bain d'eau vinaigrée additionnée de 2 morceaux de sucre.

Fraises

Faites-en une expérience gustative inoubliable en les arrosant d'un trait de vinaigre balsamique.

Friture

Ajoutez quelques gouttes de vinaigre à l'huile de votre friteuse pour éliminer le goût de gras.

Fromage

Enveloppez le fromage dans un linge imbibé de vinaigre pour le conserver plus longtemps.

Si la surface du fromage est moisie, trempez un couteau dans le vinaigre pour enlever la moisissure. Trempez le couteau chaque fois que vous coupez une tranche pour empêcher le fromage de moisir à nouveau.

Fruits

Lavez les fruits avec du vinaigre pour qu'ils ne jaunissent pas.

Ajoutez 1 cuiller à café de vinaigre lorsque vous faites cuire des fruits pour optimiser leur goût.

Gélatine

Pour faire prendre la gélatine sans problème, ajoutez 1 cuiller à café de vinaigre par sachet de gélatine utilisée.

Gingembre

Conservez les restes de racine de gingembre cru dans du vinaigre. Épluchez et tranchez ou râpez le gingembre dans un petit pot de verre, recouvrez de vinaigre de cidre et conservez au réfrigérateur.

Haricots secs

Pour éviter les flatulences, faites tremper les haricots et autres légumineuses dans de l'eau additionnée de 2 cuillers à soupe de vinaigre. Puis faites-les cuire dans de l'eau vinaigrée. Le vinaigre contribue à casser la cellulose et éviter les gaz.

Jambon

Ajouter du vinaigre à l'eau de cuisson du jambon pour le dessaler et pour rehausser le goût.

Frottez l'entame du jambon à l'os avec du vinaigre pour le conserver plus longtemps. La recette est vieille comme le jambon ou presque. Marcus Porcius Cato – Caton pour les intimes – la recommandait déjà à cet effet et pour éloigner les insectes dans De *Agri Cultura* vers 160 av. J.-C.

Légumes

Les légumes un peu fanés retrouveront leur peps en un clin d'œil dans l'eau vinaigrée qui, en prime, les débarrasse aussi de tous les résidus indésirables.

Lorsque vous faites cuire les légumes à la vapeur, ajoutez 1 cuiller à soupe de vinaigre à l'eau de cuisson à la place du sel. Ils conserveront leur couleur et seront moins fades.

Lentilles

Ajoutez un peu de vinaigre et 2 morceaux de sucre à l'eau de cuisson pour qu'elles soient plus moelleuses et un quart de cuiller à café de bicarbonate pour éradiquer les flatulences.

Œufs

Œufs brouillés: Ajoutez 1 cuiller à soupe de vinaigre aux œufs brouillés pour leur donner du punch.

Œufs durs: Fini les coquilles fendues avec 1 cuiller à soupe de vinaigre dans l'eau de cuisson.

Œufs frits: Pour éviter qu'ils ne brûlent, ajoutez 2-3 gouttes de vinaigre.

Œufs pochés: Pour qu'ils soient parfaits, ajoutez ½ verre de vinaigre à l'eau de cuisson. Ils auront une jolie forme sans prendre le goût du vinaigre.

Œufs sur le plat: Pour qu'ils conservent leur jolie forme, ajoutez quelques gouttes de vinaigre dans la poêle.

Blancs d'œufs

Pour des blancs en neige très fermes, ajoutez quelques gouttes de vinaigre.

Pour des meringues aériennes, battez 3 blancs avec 1 cuiller à café de vinaigre.

Olives

Les olives et les piments se conservent indéfiniment si vous les recouvrez de vinaigre et les conservez au réfrigérateur.

Pain

La pâte à pain lèvera plus facilement avec 1 cuiller à soupe de vinaigre par 2,5 tasses de farine. Diminuez proportionnellement la quantité des autres liquides de la recette.

Pour que la croûte soit bien brillante, sortez votre pain du four un peu avant la fin de la cuisson, badigeonnez-le avec un peu de vinaigre et remettez au four.

Pâtes

Pour éviter qu'elles ne collent, ajoutez un trait de vinaigre à l'eau de cuisson.

Pâtisserie

Pâte brisée : Ajoutez 1 cuiller à soupe de vinaigre de cidre à votre pâte à tarte pour la rendre inoubliable.

Pâte feuilletée : ajoutez 1 cuiller à soupe de vinaigre de cidre à votre pâte feuilletée pour qu'elle soit moins collante.

Glaçage : Le glaçage des gâteaux sera parfait si vous ajoutez 1 goutte de vinaigre au mélange sucre glace/eau.

Gâteau au chocolat : Ajoutez du moelleux et du goût à n'importe quel gâteau au chocolat – compris ceux fait à partir de mélanges déjà prêts en ajoutant 1 cuiller à soupe de vinaigre blanc.

Trop sucré : Atténuez le goût trop sucré des tartes et des desserts en ajoutant 1 cuiller à café de vinaigre.

Allergie aux œufs : Vous êtes allergique aux œufs ? Remplacez-les dans la recette des *brownies* ou de votre gâteau préféré par 1 cuiller à soupe de vinaigre.

Poisson

Écaillez le poisson plus facilement en l'arrosant de vinaigre.

Retirez la peau du poisson plus facilement en le plongeant quelques minutes dans le vinaigre.

Passez le poisson et les fruits de mer dans une solution de vinaigre quelques minutes avant de le cuire pour réduire les risques d'intoxication alimentaire.

Pour que le poisson reste bien blanc, mettez-le à tremper dans de l'eau additionnée de 2 cuillers à soupe de vinaigre.

Avant de congeler du poisson, videz-le et lavez-le avec de l'eau vinaigrée puis saupoudrez d'une pincée de sel.

Le poisson et les crevettes en conserve auront meilleur goût si vous les faites tremper dans un mélange de Porto et de vinaigre avant de les servir.

Faites dessaler le poisson séché dans de l'eau vinaigrée. Il sera moins salé et aura meilleur goût.

Un petit séjour dans l'eau vinaigrée avant de le cuire donnera un goût plus fin à votre poisson, le rendra plus tendre et évitera qu'il ne se défasse pendant la cuisson.

Quelques gouttes de vinaigre sur votre poisson salé et grillé, et il ne sera que meilleur, moins salé et son odeur moins tenace.

Le poisson bouilli ou poché ne se défera pas si vous ajoutez 1 cuiller à soupe de vinaigre à l'eau de cuisson. Les odeurs de cuisson seront atténuées.

Vaporisez un peu de vinaigre sur le poisson et les fruits de mer séchés pour atténuer l'odeur et prévenir les moisissures.

Appliquez du vinaigre sur la peau du poisson pour éviter qu'elle ne colle à la grille du barbecue.

Pommes

Les pommes épluchées ne s'oxyderont pas si vous les aspergez avec quelques gouttes de vinaigre.

Pommes de terre

Ajoutez 1 cuiller à café de vinaigre à l'eau de cuisson des pommes de terre épluchées pour qu'elles aient une jolie couleur.

Évitez que les pommes de terre épluchées ne s'oxydent en les recouvrant d'eau additionnée de 2 cuillers à café de vinaigre.

Riz

Votre riz sera plus léger et plus moelleux si vous ajoutez 1 cuiller à café de vinaigre à l'eau de cuisson lorsqu'elle bout.

Salade

Lavez la salade feuille par feuille, puis rincez-la dans de l'eau vinaigrée pour éliminer insectes, pesticides et vilaines bactéries.

Salade craquante : Une fois dans le saladier, saupoudrez-la avec du sel pour qu'elle reste bien craquante.

Conserver la vitamine E : Pour éviter l'altération de la vitamine E, ajoutez quelques gouttes de vinaigre à vos salades, jus de fruits ou de légumes et à l'eau de cuisson du chou ou du brocoli.

Salade fanée : Pour lui redonner du peps rapidement, plongez-la 2 secondes dans de l'eau chaude, puis dans de l'eau vinaigrée avec des glaçons. Elle retrouvera toute sa fraîcheur.

Soupe

Donnez du peps à n'importe quelle soupe en boîte en ajoutant 1 cuiller à café de vinaigre de vin blanc ou rouge ou de vinaigre de cidre.

Votre soupe ou votre ragoût sont trop salés ? Ajoutez 1 cuiller à soupe de vinaigre et 1 cuiller à soupe de sucre pour réparer les dégâts.

Thon

Votre salade de thon aura du tonus si vous ajoutez 1 trait de vinaigre.

Tomates

Ajoutez 1 ou 2 cuillers à café de vinaigre à de la sauce tomate ou de la soupe de tomate en boîte en fin de cuisson.

Viande

Pour attendrir le pot-au-feu ou n'importe quelle viande un peu dure et diminuer le temps de cuisson : ajoutez 1 cuiller à café de vinaigre.

Poêles à frire

Si vous faites bouillir 2 tasses de vinaigre dans votre poêle à frire pendant 10 minutes, la nourriture ne collera pas pendant plusieurs mois d'affilée.

Versez quelques gouttes de vinaigre dans une poêle à frire neuve pour éviter que la nourriture ne s'attache.

Odeurs déplaisantes

Vos mains sentent le poisson, l'ail ou l'oignon ? Frottez-les avec du vinaigre.

Éliminez les taches de fruits sur les mains, frottez-les avec du vinaigre.

Un petit récipient avec du vinaigre près de la friteuse encouragera les odeurs de friture à se dissiper plus facilement.

Pour éviter la propagation des odeurs de cuisine dans toute la maison, faites bouillir 1 ou 2 tasses de vinaigre dans une casserole. Les odeurs seront absorbées par le vinaigre.

Le rôti a brûlé ? Trempez un torchon dans du vinaigre, essorez-le et agitez-le dans la cuisine pour masquer les odeurs du désastre.

LA MAISON ET LE JARDIN

Le vinaigre des fées du logis

Comparé au navigateur James Cook, Christophe Colomb était une vraie fée du logis. Susanna sa maman devait exploser de fierté à l'idée que son fiston faisait briquer ses bateaux avec du vinaigre, intérieur et extérieur! James, par contre, avait des doutes quant à l'efficacité du lessivage au vinaigre pour l'intérieur des bateaux. Il pensait qu'il valait mieux utiliser le feu et la fumée pour faire le ménage. Finalement, c'est Christophe qui avait raison. Les études ont prouvé que le vinaigre est un bon produit nettoyant doublé d'un excellent désinfectant[1], externe et interne.

1. Rund CR. Non conventional topical therapies for wound care. Ostomy Wound Manage. 1996; 42 :22-24.

On sait maintenant que l'acide acétique qu'il contient est très efficace, notamment contre des bactéries aussi peu fréquentables que la salmonelle et l'E-coli [2]. D'ailleurs il est utilisé dans l'industrie de l'alimentation du bétail pour tuer les bactéries et les virus avant la réfrigération. Une étude[3] américaine a démontré récemment qu'un grand seau d'eau chaude additionné de javel domestique ordinaire et de vinaigre d'alcool venait à bout de pratiquement tous les microbes en 10 ou 20 minutes, y compris les spores d'anthrax.

Donc, en cas de contamination, si vous avez de la javel et du vinaigre, vous êtes sauvé. Attention, si vous décidez de jouer les **terminators** *prenez quelques précautions. Le mélange vinaigre et javel produit des émanations toxiques. Mais les faibles quantités requises pour le mélange – 1 tasse de javel et 1 tasse de vinaigre dans ½ seau d'eau chaude – ne présentent pas de risques si vous prenez soin d'ouvrir la fenêtre, d'ajouter d'abord la javel à votre seau d'eau chaude et d'attendre un peu avant d'ajouter le vinaigre. Avec ça, vous pouvez tout désinfecter, du sol au plafond.*

Pour le ménage en dehors des situations de crises, le vinaigre se débrouille très bien tout seul. À bord des avions, les hôtesses de l'air l'utilisent pour nettoyer, désinfecter et faire rutiler l'espace réduit réservé à la préparation des repas. Il est également recommandé pour nettoyer et désinfecter les dentiers[4].

2. ZHAO Dan-yan et al : *Observation on germicidal efficacy of garlic solution vinegar and its influencing factors, China disinfection Journal,* 2006/01. GE new, Liu Liying, Liu Hailing, Tunqingji, GE Xin, LIU Liying, LIU Hai-ling : An Observation of the Growth Inhibition Effect of Vinegar on Intestinal Bacilli, *Practical preventive medicine*, 2005/01. Entani E, Asai M, Taujihata S, Tsukamoto YK Ohta M. Antibacterial action of vinegar against food-borne pathogenic bacteria including Escherichia coli 0157 :H7, *J Food Prot.* 1998;61:953-959. Lukasik J, Bradley ML, Scott TM, Dea M, Koo A, Hsu WY, Bartz JA, Farrah SR : Reduction of poliovirus 1, bacteriophages, Salmonella montevideo, and Escherichia coli O157:H7 on strawberries by physical and disinfectant washes, *J Food Prot.* 2003 Feb; 66(2):188-93. Sengun IY, Karapinar M; Effectiveness of household natural sanitizers in the elimination of Salmonella typhimurium on rocket (Eruca sativa Miller) and spring onion (Allium cepa L.), *Int J Food Microbiol.* 2005; 98:319-323. Vijayakumar C, Wolf-Hall CE : Evaluation of household sanitizers for reducing levels of Escherichia coli on iceberg lettuce, *J Food Prot.* 2002; 65:1646-1650. Entani E, Asai M, Tsujihata S, Tsukamoto Y, Ohta M : Antibacterial action of vinegar against food-borne pathogenic bacteria including Escherichia coli O157:H7, J Food Prot. 1998 Aug; 61(8):953-9. Zhang Aimin : Study on the inhibition to the intestinal pathogenic bacteria of garlic vinegar, *China condiment*, 2002/09.

3. MicroChem Lab, Inc. in Euless, Texas, 2006 ASM Biodefense Research Meeting, American Society for Microbiology, February 19, 2006.

4. Basson NJ, Quick AN, Thomas CJ : Household products as sanitising agents in denture cleansing, J *Dent Assoc* S Afr. 1992 Oct; 47(10):437-9. Shay K : Denture hygiene : a review and update, *J Contemp Dent Pract.* 2000 Feb 15; 1(2):28-41.

UNE SALLE DE BAIN SCINTILLANTE

Astiquez-la et faites-la rutiler comme une salle de bains de star avec les trucs utilisés dans les palaces de Cannes.

Baignoire, carré de douche et carrelage

Lavez-les, désinfectez-les et faites-les briller avec une éponge imbibée de vinaigre. Les traces de savon, de calcaire et de moisissures disparaîtront sans problème.

S'ils sont un peu sales, passez d'abord du vinaigre sur la baignoire ou le carrelage, puis trempez l'éponge dans le bicarbonate et frottez.

S'ils sont très sales, ajoutez ½ verre de bicarbonate, 1 tasse de vinaigre à un seau d'eau très chaude et frottez.

Lavez les baignoires et les carrés de douche en fibre de verre avec une éponge trempée dans du vinaigre puis du bicarbonate ou du produit pour lave-vaisselle – liquide ou en poudre – ou du shampooing avec ou sans bicarbonate.

Blanchissez les joints entre les carrelages avec une brosse à dents trempée dans le vinaigre.

Baignoire et lavabo entartrés

Pour retirer les traces de calcaire sur une baignoire ou un lavabo, mettez la bonde et faites couler l'eau chaude sur 3 tasses de vinaigre. L'eau doit recouvrir les taches. Laissez agir toute la nuit.

Baignoire et lavabos encrassés

Préparez une pâte avec 4 cuillers à soupe de farine, 4 cuillers à soupe de vinaigre et 8 cuillers à soupe d'eau oxygénée. Faites un test sur une petite surface. Si ça marche, appliquez votre pâte sur le reste de la baignoire ou du lavabo et laissez agir pendant la nuit. Rincez à l'eau froide.

Bain à remous

Pour éviter que votre bain à remous ne s'encrasse, nettoyez-le au vinaigre une fois par an. Versez 4 litres de vinaigre dans votre bain à remous et mettez-le en route.

Robinetterie

Faites rutiler la robinetterie avec du vinaigre.

Pommeau de douche entartré

Détartrez-le en le mettant à tremper dans un récipient rempli de vinaigre.

Si le pommeau est fixé au mur, mettez du vinaigre dans un sac en plastique et fixez-le au pommeau avec un élastique ou une ficelle.

Laissez agir pendant la nuit. Le lendemain, le calcaire aura disparu.

Rideaux de douche et stores

Passez une éponge imbibée de vinaigre sur le rideau de douche pour le nettoyer et éviter les traces de moisissure.

Ajoutez du vinaigre à l'eau de lavage ou à la machine à laver pour le désinfecter, éviter les moisissures, diminuer l'adhérence de la poussière et éliminer l'électricité statique qui attire la poussière.

Remplissez la baignoire au tiers et ajouter du savon doux et 1/2 litre de vinaigre. Laisser tremper le rideau ou les stores ½ heure et rincez.

Porte de douche en verre

Enlevez les traces de calcaire et de savon en les vaporisant avec du vinaigre. Laissez agir 15 minutes, puis frottez avec du bicarbonate. Rincez avec du vinaigre puis à l'eau claire et séchez avec un chiffon en microfibres.

Montants de porte et de fenêtres en acier, en aluminium ou en plastique

Enlevez les taches d'eau avec du vinaigre.

Nettoyez et désinfectez le rail des portes de douche coulissantes avec du vinaigre. Remplissez le rail avec 2 tasses de vinaigre et laissez agir pendant la nuit.

Si les rails sont vraiment sales, versez du vinaigre chaud sur les rails et frottez avec une vieille brosse à dents.

Nettoyez les montants des fenêtres et des portes en aluminium ou en plastique, avec une éponge mouillée trempée dans du vinaigre.

Miroirs

Faites disparaître les traces de laque à cheveux sur le miroir ou le carrelage de la salle de bain avec du vinaigre. Puis faites-les briller avec un chiffon en microfibres ou du papier journal.

Frottez les taches avec une pomme de terre crue épluchée. Rincez avec un chiffon imbibé d'eau et de vinaigre. Faites briller avec un papier journal roulé en boule.

Pour nettoyer un miroir, on ne frotte pas en faisant des cercles, ni de bas en haut. Les pros frottent de haut en bas et légèrement en biais de droite à gauche. On donne la touche finale avec du vinaigre.

Brosse à dents

Désinfectez régulièrement les brosses à dents en les faisant bouillir 1 minute dans une solution moitié eau moitié vinaigre, surtout lorsque la grippe frappe sauvagement. C'est le conseil que donne un magazine américain spécialisé dans le recrutement du personnel de maison haut de gamme.

Nettoyez aussi le porte-brosse à dents et les verres à dents une fois par semaine avec du vinaigre. Laissez agir pendant la nuit. Videz et rincez à l'eau.

Toilettes

L'aspect des toilettes de votre location de vacances vous donne envie les déclarer comme zone à hauts risques et de fuir à toutes jambes. Oubliez cette première impulsion. Retrouvez votre calme et rendez à ces lieux leur honneur et leur blancheur perdus.

Désodorisez-les avec 3 tasses de vinaigre. Attendez 1 heure avant de tirer la chasse.

Pour les nettoyer, saupoudrez du bicarbonate, frottez, ajoutez du vinaigre et frottez. Laissez agir toute la nuit. Rincez le lendemain.

Fosse septique

Faites d'une pierre deux coups. Nettoyez vos toilettes et votre fosse en versant du vinaigre dans vos toilettes.

LE GRAND MÉNAGE DU RESTE DE LA MAISON

De l'art de laver les carreaux

Pour faire les carreaux comme un pro, commencez par lessiver les encadrements, attaquez les vitres en faisant des lignes verticales d'un côté puis des lignes horizontales sur l'autre. Ça vous permettra de voir sur quel côté il reste des traces.

Faites briller les vitres comme des miroirs avec une solution moitié eau moitié vinaigre et un chiffon en microfibres ou du papier journal pour les frotter.

Si elles sont très sales, frottez-les avec une éponge trempée dans du bicarbonate. Rincez avec de l'eau vinaigrée et essuyez avec un chiffon en microfibres, une peau de chamois, du papier journal ou un filtre à café.

Enlevez les traces d'eau avec du vinaigre. Laissez agir 15 minutes et rincez.

Éliminez les résidus des produits spécial vitres avec un mélange maison. Diluez 1 tasse de vinaigre dans 2 tasses d'eau et ajoutez 1 cuiller à soupe de liquide vaisselle.

Moisissures sur le montant des fenêtres

Lavez-les avec 1/4 de tasse de vinaigre dilué dans 1 litre d'eau.

Les murs

Enlevez la poussière, les moisissures et les mauvaises odeurs en lessivant les murs avec une éponge imbibée de vinaigre.

Marques de stylo-bille

Votre Picasso en herbe a fait une fresque au stylo à bille. Effacez-la sans douleur avec une éponge imbibée de vinaigre.

Décalcomanies, stickers etc.

Enlevez tout ce qui est collé sur les murs avec du vinaigre chaud. Laissez agir quelques minutes avant de retirer. Renouveler l'opération si nécessaire.

Ça marche aussi sur le plastique, le verre ou le formica.

La cheminée

Nettoyez les portes en verre de votre insert avec du vinaigre sur du papier journal ou avec une pâte de bicarbonate et de vinaigre.

Enlevez les traces de suie sur une cheminée avec du vinaigre.

Brique ou pierre

Nettoyez une cheminée en brique ou en pierre avec 1 tasse de vinaigre dans 1 seau d'eau.

Carrelage

Nettoyez une cheminée en carrelage en la frottant avec du bicarbonate et du vinaigre.

Poutres

Si vous décidez de cirer les poutres apparentes de la maison de campagne, frottez-les avec un chiffon trempé dans du vinaigre avant de passer de la cire.

Panneaux en bois

Nettoyez-les avec ½ tasse de vinaigre, ¼ de tasse d'huile d'olive dilués dans 2 tasses d'eau chaude. Appliquez avec un chiffon doux.

Parquets, plinthes et autres boiseries

Nettoyez les parquets et boiseries avec ½ tasse de bicarbonate et ½ tasse de vinaigre diluées dans 1 seau d'eau chaude.

Ou avec une solution composée de 4 litres d'eau chaude, 2 cuillers à soupe de cire liquide pour meubles et ½ tasse de vinaigre.

Parquets cirés

Vous rêvez de parquets à faire pâlir Fred et Ginger? Lavez vos parquets cirés avec de l'eau froide et un peu de vinaigre. L'eau froide n'enlèvera pas la cire, le vinaigre supprimera la saleté, et le parquet conservera son éclat initial.

Fabriquez votre encaustique

Mélangez en quantités égales huile d'olive et vinaigre. Appliquez cette mixture sur votre parquet avec un torchon plié en quatre et fixé sur votre balai. Non seulement votre parquet sera superbe mais avec l'équivalent d'un petit pot de yaourt, vous pourrez faire un sol de 15 m^2 et quelques meubles!

Parquet peint

Lessivez-le avec 1 tasse de vinaigre diluée dans 4 litres d'eau chaude. Frottez les taches avec un peu de bicarbonate.

Préparez votre nettoyant pour sols

Mélangez 1/3 de vinaigre, 1/3 d'alcool à 70°, 1/3 d'eau et 3 gouttes de liquide vaisselle. Mélangez soigneusement dans une bouteille avec vaporisateur de préférence. Vaporiser un peu de produit sur une serpillière et passez-la rapidement. L'alcool incorporé au mélange lui permet de sécher rapidement.

Linos et vinyles

Lavez les linos et les vinyles non cirés avec 1 tasse de vinaigre dans 1 seau d'eau. Ajoutez 1 bouchon d'huile pour bébé pour le faire briller.

Taches non identifiées

Enlevez les taches avec du vinaigre pur. Laissez agir ¼ heure avant de rincer à l'eau claire. Si la tache est toujours là, remettez du vinaigre et saupoudrez de bicarbonate. Laissez mousser, frottez et rincez à l'eau claire.

Caoutchouc

Effacez les marques noires faites par le frottement des chaussures avec une pâte de bicarbonate et de vinaigre.

Sols en brique ou en pierre

Lavez-les avec 1 verre de vinaigre dilué dans ½ seau d'eau. Rincez à l'eau claire.

Faites disparaître les traces de ciment sur la pierre ou le carrelage en les brossant avec du vinaigre bouillant.

Carrelage

Ajoutez ½ tasse de vinaigre à ½ seau d'eau pour laver le carrelage. Rincez-le avec de l'eau gazeuse pour le faire étinceler.

Marbre

Nettoyez le marbre taché avec une pâte de bicarbonate et de vinaigre. Frottez et rincez soigneusement.

Tapis, moquette et tissus d'ameublement

Un tapis sale peut contenir jusqu'à 500 grammes de saleté par mètre carré. Commencez par passer l'aspirateur puis, ravivez les couleurs de vos tapis et de votre moquette avec 1 tasse de vinaigre diluée dans 4 litres d'eau. C'est spectaculaire.

Les taches

Il y a eu un malheur sur votre moquette. Déclenchez le plan Orsec immédiatement.

Les taches qui viennent d'être faites sont plus faciles à nettoyer. Ramassez ce que vous pouvez avec une petite cuiller. Recouvrez-les immédiatement d'eau gazeuse. Absorbez le maximum de liquide avec un chiffon blanc ou du papier absorbant.

Les taches non grasses sont les plus faciles à éliminer. Diluez 2 cuillers à soupe de détergent et 3 cuillers à soupe de vinaigre dans 1 litre d'eau, Appliquez la mixture sur la tache avec un chiffon ou un pinceau sans détremper le tapis ou la moquette. Rincez à l'eau gazeuse. Répétez l'opération jusqu'à disparition de la tache. Séchez au sèche-cheveux.

Pour des taches claires sur des tapis clairs, faites fondre 2 cuillers à café de sel dans ½ tasse de vinaigre. Recouvrez la tache avec cette mixture, laissez sécher et passez l'aspirateur.

Pour des taches plus foncées, plus importantes, bien incrustées, faites une pâte avec 1 cuiller à soupe de vinaigre et 1 cuiller à soupe de fécule de maïs (type Maïzena). Appliquez sur la tache en frottant. Laissez sécher pendant 2 jours avant de passer l'aspirateur.

Plan d'attaque pour les taches qui résistent

- **Étape 1** : Nettoyez avec de l'eau gazeuse et épongez.
- **Étape 2** : Puis frottez avec le mélange : ¼ de tasse de liquide vaisselle, un quart de tasse de glycérine et 1 tasse et demie d'eau. Mettez ces produits dans une bouteille avec applicateur ou alors utilisez-le sur un torchon blanc.
  Partez toujours du bord de la tache vers le centre, ne frottez jamais fort et pas toujours dans la même direction. Donnez 10

petits coups dans un sens, puis 10 dans un autre.
Laissez agir 5 minutes au moins puis rincez, de préférence avec de l'eau tiède. Épongez.

- **Étape 3 :** S'il reste encore des traces, mélangez 1 cuiller à soupe d'eau oxygénée et 3 cuillers à soupe d'eau tiède, appliquez sur la tache et recouvrez-la avec une serviette épaisse. La lumière transforme les propriétés chimiques de l'eau oxygénée. Laissez agir pendant 30 minutes en vérifiant régulièrement si la couleur n'est pas altérée. Rincez avec de l'eau tiède et aspirez ou épongez le liquide.
- **Étape 4** : Si tout n'est pas parti : mélangez ¼ de tasse d'ammoniaque dans 1 tasse d'eau tiède et après avoir fait un test de couleur, appliquez sur la tache. Rincez à l'eau tiède et épongez.
- **Étape 5** : S'il reste encore des traces mélangez ½ de tasse de vinaigre et 1 tasse d'eau tiède. Appliquez sur la tache. Rincez à l'eau tiède, épongez ou aspirez l'eau et recouvrez de papier absorbant ou avec une couche pour bébé.

Acide

Léo le chat a fait pipi sur la moquette ou votre bien-aimé a renversé de l'acide. Quel que soit le coupable, sacrifiez une bouteille d'eau gazeuse pour rincer abondamment avant d'éponger avec une pile de papier absorbant ou couche pour bébé sur laquelle vous posez un objet lourd ou le pied de votre bien-aimé. Puis lavez la tache avec un mélange d'eau et de vinaigre.

Épongez et saupoudrez l'endroit sinistré avec du bicarbonate. Laissez sécher et aspirez. Si tout n'est pas parti, repassez à l'étape 2 et aux suivantes, si nécessaire.

Les animaux détestent l'odeur du vinaigre. Donc Léo ne devrait pas refaire pipi au même endroit.

Bière

Épongez ou aspirez le maximum de liquide. Arrosez d'eau gazeuse. Épongez et lavez avec ¼ de tasse de vinaigre dilué dans 1 tasse d'eau tiède. Rincez avec de l'eau tiède et épongez avec du papier absorbant ou une couche pour bébé. Si tout n'est pas parti, repassez à l'étape 2 et aux suivantes, si nécessaire.

Café et thé
Épongez au maximum. Rincez avec de l'eau gazeuse ou essuyez avec des lingettes pour bébé.

Si les taches ne partent pas, utilisez un mélange de vinaigre et d'eau tiède et si vous avez toujours des problèmes, mélangez en quantités égales vinaigre et alcool. Rincez avec de l'eau tiède et épongez avec du papier absorbant ou une couche pour bébé.

Chewing-gum
Décollez la gomme à mâcher en passant un glaçon dessus. Enlevez ce que vous pouvez, puis faites chauffer le vinaigre qui vous permettra de décoller le reste.

Cola
Si vous intervenez dans les 24 heures, vous pourrez sauver votre tapis, persan ou pas. Épongez les dégâts, arrosez avec de l'eau gazeuse, épongez. Testez votre tapis pour vous assurer que la couleur résiste au vinaigre. Si c'est le cas, appliquez du vinaigre avec un chiffon doux. Rincez à l'eau gazeuse.

Colle
Nettoyez la colle avec du vinaigre après avoir fait un test préalable pour vérifier que la couleur résiste au vinaigre.

Pour les traces tenaces, faites fondre 1 volume de sel dans 4 volumes de vinaigre. Frottez les taches avec cette solution, rincez et épongez.

Moutarde
Enlevez ce que vous pouvez avec une cuiller. Saupoudrez avec du bicarbonate. Laisser agir toute une nuit. Passez l'aspirateur. Rincez plusieurs fois à l'eau gazeuse. Préparez une solution vinaigrée avec 1 tasse de vinaigre et 2 tasses d'eau chaude. Appliquez sur la tache avec une brosse à dents ou à cheveux douce. Rincez. Si tout n'est pas parti, mélangez de la lessive en poudre avec de l'eau et appliquez généreusement sur la tache. Laissez agir ½ heure avant de rincer.

Œuf, produits laitiers, sang et autres protéines problématiques

Enlevez ce que vous pouvez avec une cuiller. Inondez d'eau gazeuse, épongez. Frottez avec une brosse à dents trempée dans 1 cuiller à café de liquide vaisselle dilué dans 2 tasses d'eau. Rincez à l'eau gazeuse. Diluez 1 tasse de vinaigre dans 2 tasses d'eau et appliquez sur le sinistre. Rincez à l'eau claire et épongez avec 1 linge propre ou du papier absorbant.

Les Puces

Si Sweetie a ramené ces hôtes indésirables, attaquez-les sans tarder. Mettez 1 volume de vinaigre et 6 volumes d'eau dans un vaporisateur et vaporisez la moquette, les tapis et les sols. Faites un test sur les tapis et moquettes pour vous assurer qu'ils supportent le vinaigre. Si c'est le cas, lancez votre offensive et vaporisez. Attendez 1 semaine et vaporisez une deuxième fois pour éliminer les rejetons.

Meubles

Pour nettoyer les meubles sales, utilisez une éponge imbibée de vinaigre. Par la suite, il suffira d'utiliser un mélange d'eau et de vinaigre sur un chiffon doux.

Fabriquez votre encaustique

Mélangez en quantités égales huile d'olive et vinaigre.

Pour varier les plaisirs, mélangez en quantités égales huile, jus de citron et vinaigre. Ou 3 parts d'huile d'olive et 1 part de vinaigre ou 2 parts d'huile d'olive et 1 part de jus de citron. Appliquez une couche fine et faites briller avec un chiffon trempé dans du thé noir froid.

Fabriquez une cire à meubles avec 1/3 d'huile de lin, 1/3 de vinaigre et 1/3 d'essence de térébenthine.

Fabriquez une cire artisanale magique pour les meubles avec ½ tasse de vinaigre, 1 tasse d'huile de lin bouillie, 1 tasse d'essence de térébenthine, ¼ de tasse d'alcool méthylique. Mélangez graduellement l'huile et le vinaigre pour former une crème épaisse, puis incorporez l'essence de térébenthine et l'alcool. Versez dans une bouteille et agitez bien avant chaque utilisation.

Retirez la cire de bougie

Ramollissez la cire avec un sèche-cheveux très chaud. Épongez avec du papier absorbant puis retirer ce qui reste avec un mélange moitié eau moitié vinaigre. Séchez avec un chiffon doux.

Effacer les égratignures

Cachez les égratignures de Léo le chat avec un mélange moitié vinaigre moitié iode appliqué au pinceau.

Nettoyer l'acajou

Mélangez en quantités égales du vinaigre et de l'eau chaude. Trempez un chiffon dans l'eau vinaigrée, passez-le sur le meuble et faites briller avec une peau de chamois.

Nettoyer le bois verni

Utilisez un chiffon qui ne peluche pas. Trempez-le dans ½ litre d'eau tiède additionnée 2 cuillers à café de vinaigre. Polissez avec un chiffon doux. Le vinaigre extrêmement dilué ne risque pas de ternir le verni.

Taches d'eau

Effacez les taches d'eau sur le bois avec un mélange moitié vinaigre moitié huile d'olive. Frottez dans le sens du bois et cirez.

Taches de graisse

Essuyez-les avec du vinaigre pur, puis avec de l'eau vinaigrée. Rincez et laissez sécher.

Table en verre ou en plexiglas®

Astiquez votre table sans effort avec un mélange d'eau et de vinaigre. Faites briller avec des feuilles de papier journal froissées.

Meubles en plastique

Nettoyez les meubles en plastique et diminuez l'électricité statique qui attire la poussière avec de l'eau chaude additionnée d'une tasse de vinaigre.

Rotin détendu

Resserrez le rotin détendu des chaises ou des fauteuils en les lavant avec une solution chaude moitié eau moitié vinaigre. Puis mettez-les à sécher en plein soleil aux heures les plus chaudes.

Canapé en cuir

Préparez vos propres produits.

Mettez ½ tasse d'huile d'olive et ¼ de tasse de vinaigre dans un flacon et secouez vigoureusement avant chaque application. Frottez avec un chiffon doux.

Savon pour le cuir

Versez ¼ de tasse de cire d'abeille chaude dans ¼ de tasse de vinaigre, puis ajouter 1/8 de tasse de savon doux et 1/8 de tasse d'huile de lin. Laisser refroidir. Appliquer sur le cuir, puis essuyez.

Ou

Mélangez ¼ de tasse de vinaigre avec quelques gouttes d'huile d'olive. Mettez dans un flacon et secouez avant chaque application. Versez sur un chiffon doux et frottez le cuir.

Ou

Préparez un mélange moitié vinaigre moitié huile de lin. Frottez le cuir puis essuyez-le avec un chiffon doux.

Moisissures

Retirez les moisissures sur le cuir avec un chiffon imbibé de vinaigre.

Écrans de télévision, d'ordinateur, souris, téléphones, etc.

Pour nettoyer les écrans des téléviseurs, des ordinateurs, les claviers et les téléphones et diminuer l'électricité statique, prenez du vinaigre. Avant d'entreprendre quoi que ce soit assurez-vous que tout est éteint. N'utilisez pas de spray. Mettez le vinaigre sur un chiffon en microfibres et frottez.

Piano

Nettoyez les touches du piano avec un chiffon doux et ½ tasse de vinaigre dilué dans 2 tasses d'eau.

Trompette, saxophone et autres cuivres

Nettoyez la trompette ou le saxophone de votre futur Louis Armstrong en les saupoudrant de bicarbonate et en les arrosant de vinaigre. Attendez 15 minutes avant de rincer et de frotter avec un chiffon doux.

Vous pouvez aussi les décaper avec 3 cuillers à soupe de sel et 1 cuiller à soupe de vinaigre chaud. Frottez et faites-les briller avec un chiffon doux.

Ventilateur, humidificateur, climatiseur

Nettoyez les grilles des climatiseurs, les pales des ventilateurs, etc. avec du vinaigre. Utilisez une brosse à dents pour aller dans les recoins. Nettoyez le filtre du climatiseur tous les 10 jours avec du vinaigre.

Aquarium

Faites disparaître les vilaines traces sur l'aquarium du poisson rouge avec du vinaigre.

LA CHASSE AUX ODEURS

Pour absorber les mauvaises odeurs, celles de nourriture dans la cuisine et éviter qu'elles ne se propagent dans le reste de la maison, faites frémir une casserole de vinaigre. Il ne doit jamais bouillir.
Ou mettez un bol rempli de vinaigre dans la pièce.

Le rôti a brûlé. Trempez un torchon dans le vinaigre et agitez-le dans la cuisine pour effacer les traces du sinistre.

La friteuse de Marika a pris feu et tout l'appartement empeste la fumée. Ouvrez toutes les fenêtres, faites bouillir 1 casserole d'eau avec 1 tasse de vinaigre dans la cuisine et mettez des tranches de pain, de préférence de pain de mie, généreusement aspergées de vinaigre aux quatre coins de toutes les pièces pour absorber l'odeur de fumée.

Pour désodoriser et parfumer une pièce, mettez une poignée de cardamome ou de clous de girofle ou des bâtons de cannelle ou d'autres épices dans un bol de vinaigre et placez-le dans l'endroit le plus chaud de la pièce, ou sur un radiateur.

Ajoutez un peu de vinaigre à l'eau de vos humidificateurs. Les pièces conserveront plus longtemps une bonne odeur.

Matelas

Le petit dernier a fait pipi sur un matelas que vous avez oublié de protéger. Nettoyez et désodorisez cette zone avec un mélange moitié eau moitié vinaigre. Saupoudrez avec du bicarbonate et laissez sécher. Passez l'aspirateur.

Naphtaline

Pour faire disparaître l'odeur tenace de la naphtaline sur votre pantalon vintage de Carnaby Street retrouvé dans le grenier, remplissez une cuvette d'eau chaude, ajoutez ¼ de tasse de vinaigre, 1 tasse de bicarbonate et plongez-y le vêtement pendant quelques heures. Puis passez-le à la machine.

Souris

Si vous découvrez une souris morte dans la cave, le grenier ou le placard, débarrassez-vous du cadavre, éliminez l'odeur et désinfectez avec du vinaigre.

Les bouquets

Pour prolonger la vie d'un bouquet, ajoutez 1 cuiller à café de sucre et 1 cuiller à café de vinaigre à l'eau des fleurs.

Les plantes

Revitalisez une plante qui dépérit en l'arrosant avec 1 cuiller à soupe de vinaigre de cidre dilué dans 1 litre d'eau. Faites profiter toutes vos plantes de ce mélange.

Nettoyez les pots de fleurs avec 1 cuiller à soupe de sel dissout dans 1 tasse de vinaigre. Laissez agir pendant la nuit.

DES VÊTEMENTS IMPECCABLES

La lessive

Pour laver à la main des vêtements fragiles comme les vêtements en satin, utilisez des paillettes de savon de Marseille. Avant le rinçage, ajoutez un peu de sucre et de vinaigre blanc à l'eau. N'essorez jamais les vêtements en satin et repassez-les lorsqu'ils sont encore humides.

Vous avez utilisé trop de savon pour faire votre petite lessive à la main. Ajoutez du vinaigre à l'eau de l'avant dernier rinçage pour calmer les excès de mousse. Puis rincez une dernière fois à l'eau claire. Vous pouvez faire la même chose si vous avez eu la main lourde avec la lessive dans le lave-linge. Une tasse de vinaigre devrait vous permettre de contrôler la situation.

Pour raviver les couleurs, ajoutez 1 tasse de vinaigre à votre lessive.

Lavez la soie et le satin à froid. Ajoutez quelques gouttes de vinaigre et 1 sucre à l'eau du dernier rinçage pour leur donner de la tenue et raviver la couleur. N'essorez pas et ne séchez pas au soleil. Repassez la soie et le satin encore humides.

Avant d'enfiler votre nouveau maillot de bain, mettez-le à tremper dans de l'eau légèrement vinaigrée. Il gardera sa couleur plus longtemps, même si vous nagez souvent dans l'eau chlorée des piscines.

La laine

Votre pull préféré a rétréci

Redonnez forme aux pulls de laine et autres vêtements rétrécis au lavage en les faisant bouillir dans un mélange d'1 part de vinaigre dans 2 parts d'eau pendant 25 minutes. Mettez le vêtement en forme et laissez sécher à l'air.

Vos pulls sont raplapla

Avec ½ tasse de vinaigre dans l'eau de rinçage, ils retrouveront leur volume et leur douceur perdus.

Votre pull en cachemire ne sent pas bon

Votre petit pull en cachemire a des relents de moisi, de fumée ou de friture. Dieu merci, tout n'est pas perdu et personne n'en saura rien sauf le cachemire, le vinaigre et vous. Le cachemire adore l'eau. Alors lavez-le comme d'habitude et rincez-le dans un mélange moitié eau moitié vinaigre.

Lave-linge

Qui veut laver longtemps bichonne son lave-linge et le détartre régulièrement. L'opération est très simple. Une fois par mois, versez 1 litre de vinaigre dans le lave-linge et faites un cycle complet de lavage à vide. En prime, ça débouche tous les tuyaux.

Avec le vinaigre

Vous utilisez moins de lessive.

Ajoutez 1 tasse de vinaigre à la lessive pour tuer toutes les bactéries.

Les vêtements seront mieux rincés. Le vinaigre est trop doux pour détériorer les tissus mais assez costaud pour dissoudre l'alcali des savons et des détergents.

Les vêtements noirs, souvent ternes parce qu'ils sont mal rincés retrouveront leur éclat.

Vous supprimez les adoucissants

Vous êtes en panne d'adoucissant ou vous pensez, à juste titre, qu'il encrasse la machine ? Remplacez-le par 2 tasses de vinaigre ajoutées au cycle de rinçage.

Le coton, les tenues de bébé et les couvertures de laine seront plus doux et plus aériens en ajoutant 2 tasses de vinaigre au cycle de rinçage.

Le vinaigre est antistatique. Fini les bouloches sur les pantalons de velours !

Les mauvaises odeurs sont éliminées

Les chaussettes ont parfois une odeur épouvantable. Une rasade de vinaigre dans l'eau de rinçage éliminera toute trace malodorante.

Certains vêtements neufs ont parfois une forte odeur de produits chimiques. Le vinaigre dans l'eau de rinçage l'éliminera.

Vous avez renversé un peu d'essence ou de gasoil sur vos vêtements lors du dernier passage à la pompe. Une tasse de vinaigre dans la lessive et exit les mauvaises odeurs.

Le blanc

Pour rendre leur blancheur éclatante à des vêtements en laine ou en soie jaunie, passez-les dans 2 litres d'eau additionnée de 4 cuillers à soupe de vinaigre. Lavez comme d'habitude.

Vos serviettes blanches ont grise mine. Mettez-les à tremper dans 1 volume de vinaigre dilué dans 12 parts d'eau. Laissez agir une nuit. Mettez au lave-linge le lendemain.

Vos chaussettes blanches ont viré au jaune pisseux. Impossible de les porter dans cet état. Mettez-les dans un grand récipient d'eau bouillante additionnée d'1 tasse de vinaigre. Laissez agir une nuit et passez au lave-linge comme d'habitude.

Attention : Ne mettez jamais de vinaigre dans le lave-linge si vous avez déjà mis de la Javel.

La couleur

Ravivez les couleurs en ajoutant 2 tasses de vinaigre au cycle de rinçage.

Le vinaigre fixe la couleur. Un truc qu'utilisaient déjà les Phéniciens pour fixer leur magnifique pourpre tyrien, la couleur des empereurs et des rois, il y a plus de 3000 ans.

Évitez que les couleurs ne déteignent en ajoutant 1 tasse de vinaigre à votre lessive.

Si vous pensez qu'un vêtement risque de déteindre, jouez la carte de la prévention. Avant de le passer au lave-linge, mettez-le à tremper dans du vinaigre pendant 10 minutes.

Ou mettez-le pendant 1 heure dans de l'eau additionnée d'½ tasse de sel et d'½ tasse de vinaigre.

Fumée

Vos vêtements ne sont pas sales mais ils empestent la fumée. Remplissez votre baignoire avec de l'eau très chaude à laquelle vous ajoutez 1 tasse de vinaigre. Suspendez vos vêtements au-dessus de la baignoire pendant la nuit.

Moisi

Vous avez oublié de vider votre machine. Résultat des courses, votre linge a une vilaine odeur de moisi. Avant de vous faire hara-kiri, mettez 4 tasses de vinaigre dans la machine et faites une lessive. Puis refaite un cycle normal avec votre lessive habituelle et 1 tasse de vinaigre pour remplacer l'adoucissant. Les traces de votre étourderie disparaîtront avec l'eau de la lessive.

Terrassez les taches

Grâce à l'inventeur de machine à laver, les tonnes de linge ne sont plus un problème. Et si votre lave-linge tombe en panne, il y a toujours la laverie. Le problème se trouve plutôt du côté des taches tenaces. Fort heureusement, une grande partie d'entre elles ne résiste pas au vinaigre.

Les taches non identifiées

Pour traiter des taches non identifiées sur le lin ou le coton, essayez un mélange de lait et de vinaigre qui parfois fait des miracles.

Bière

Rincez à l'eau gazeuse puis frottez la tache avec du vinaigre. Rincez avec de l'eau tiède et du liquide vaisselle et passez au lave-linge. Si la tache est importante ou qu'elle résiste, mettez le vêtement à tremper dans un mélange de 3 parts de vinaigre pour 1 part d'eau froide. Laissez agir toute une nuit et passez au lave-linge.

Brûlures

Des traces de brûlure légères que vous venez de faire avec le fer à repasser peuvent parfois être effacées. Frottez-les avec du vinaigre, lavez immédiatement le vêtement avec votre lessive habituelle puis exposez-le au soleil pendant 1 journée.

Si votre chemisier blanc a été légèrement brûlé, frottez la tache avec de l'eau très vinaigrée. Puis lavez comme d'habitude.

Café et thé

Mettez quelques gouttes de glycérine sur la tache et rincez à l'eau vinaigrée.

Ou

Frottez les taches avec un mélange de vinaigre et d'alcool

Ou

Rincez à l'eau gazeuse puis frottez la tache avec du vinaigre. Rincez avec de l'eau tiède et du liquide vaisselle et passez au lave-linge. Si la tache est importante ou qu'elle résiste, mettez le vêtement à tremper dans un mélange de 3 parts de vinaigre pour 1 part d'eau froide. Laissez agir toute une nuit et passez au lave-linge.

Cola

Rincez immédiatement avec de l'eau gazeuse puis avec du vinaigre avant de passer au lave-linge. Ajoutez 2 tasses de vinaigre au cycle de lavage.

Colle

Enlevez les traces de colle en les vaporisant avec du vinaigre.

Confiture

La gelée de groseille a laissé des traces sur le T-shirt de Timothé. Arrosez la tache avec de l'eau gazeuse, puis frottez-la avec du vinaigre et passez le T-shirt au lave-linge.

Encre

Mettez le vêtement à tremper dans du lait pendant 1 heure, puis couvrez la tache avec un mélange de Maïzena et de vinaigre. Laissez sécher et lavez normalement.

Déjections d'oiseau

Enlevez ce que vous pouvez, arrosez avec de l'eau gazeuse puis frottez avec du vinaigre et de l'eau.

Jus de fruits

Rincez à l'eau gazeuse puis frottez la tache avec du vinaigre. Rincez avec de l'eau tiède et du liquide vaisselle et passez au lave-linge. Si la tache est importante ou qu'elle résiste, mettez le vêtement à tremper dans un mélange de 3 parts de vinaigre pour 1 part d'eau froide. Laissez agir toute une nuit et passez au lave-linge. Ajoutez 2 tasses de vinaigre au cycle de lavage.

Herbe

Barnabé s'est encore roulé dans l'herbe avec son pantalon de combat en coton. Le tissu n'est pas fragile, alors n'hésitez pas. Mélangez 1/3 de vinaigre avec 2/3 d'eau pour frotter la tache. Rincez et lavez comme d'habitude.

Métal

Nettoyez les traces métalliques que peuvent laisser les ceintures ou certains bijoux sur vos vêtements, avec du vinaigre.

Moisi

Les taches de moisi sont difficiles à déloger. Mélangez du vinaigre et du jus de citron. Appliquez sur la tache et laissez sécher au soleil. Lavez comme d'habitude mais séparément.

Pour celles qui résistent, préparez une petite pâte avec 2 cuillers de vinaigre et 3 cuillers de bicarbonate. Frottez et laissez agir ½ heure avant de mettre au lave-linge.

Moutarde
La moutarde est très tenace. Si c'est votre petit tailleur en laine que vous avez taché, le mal est irréparable.

Sur les vêtements lavables, retirez tout ce que vous pouvez le plus rapidement possible. Sur un tissu blanc : mélangez du vinaigre et de l'eau oxygénée. Frottez, rincez et lavez comme d'habitude.

Rouille
Mouillez la tache avec du vinaigre puis frottez-la avec du sel. Laissez sécher, de préférence au soleil s'il y en a, puis mettez au lave-linge. Ajoutez 2 tasses de vinaigre au cycle de lavage.

Pour laver la petite folie en dentelle de feu votre arrière grand-mère et faire disparaître les taches de rouille qui vous désolent, mettez-la à tremper dans l'eau froide. Rincez plusieurs fois, puis lavez avec un détergent doux et traitez les taches avec un mélange d'eau chaude et de vinaigre.

Sang
Les taches de sang ne posent aucun problème si vous intervenez rapidement avec de l'eau gazeuse. Si elles font de la résistance, mettez la partie tachée à tremper dans du vinaigre pendant 10 minutes. Répétez si nécessaire et lavez immédiatement.

Sauces diverses
Les taches de sauces diverses et variées – tomate, barbecue, bolognaise, etc. – sur du coton doivent être rincées immédiatement avec de l'eau gazeuse puis avec du vinaigre avant de les passer au lave-linge. Ajoutez également 2 tasses de vinaigre au cycle de lavage.

Teinture à cheveux
Rincez immédiatement avec de l'eau gazeuse puis avec du vinaigre avant de laver en machine. Ajoutez également 2 tasses de vinaigre au cycle de lavage.

Transpiration

Votre déodorant vous a lâché et votre T-shirt porte les traces de cette désertion. Jetez ce bon à rien de déodorant et vaporisez du vinaigre sur les endroits stratégiques du T-shirt. Frottez et passez au lave-linge.

Si ces vilaines marques résistent, frottez-les avec une petite pâte préparée avec 2 cuillers de vinaigre et 3 cuillers de bicarbonate. Laissez agir ½ heure avant de mettre au lave-linge.

Vieilles taches tenaces

Vous réussirez peut-être à éliminer des taches anciennes très tenaces en les frottant avec un mélange de 3 cuillers à soupe de vinaigre et 2 cuillers à soupe de détergent dilués dans 1 litre d'eau chaude. Passez au lave-linge et ajoutez 2 tasses de vinaigre au cycle de lavage.

Vin

Arrosez immédiatement avec de l'eau gazeuse. Saupoudrez avec du sel. Rincez avec du vinaigre et lavez comme d'habitude. Ajoutez 2 tasses de vinaigre au cycle de lavage.

Vomissures

Rincez à l'eau gazeuse puis frottez la tache avec du vinaigre. Rincez avec de l'eau tiède et du liquide vaisselle et passez au lave-linge. Si la tache est importante ou qu'elle résiste, mettez le vêtement à tremper dans un mélange de 3 parts de vinaigre pour 1 part d'eau froide. Laissez agir toute une nuit et passez au lave-linge

Vêtements en peau

Cuir

Nettoyez les vêtements en cuir avec un mélange de vinaigre et d'huile de lin. Frottez puis faites briller avec un chiffon doux.

Daim

Vous venez de faire une tache de graisse sur votre veste en daim. Il n'y a pas une minute à perdre. Trempez une brosse à dents dans du vinaigre et frottez. Laissez sécher et frottez avec une brosse ou une gomme à daim. Répétez l'opération si nécessaire.

Pour raviver la couleur de votre petite jupe en daim, passer une éponge imbibée de vinaigre dessus.

Le séchage au sèche-linge

Pour éliminer l'électricité statique dans le sèche-linge, mettez avec votre linge, un chiffon sur lequel vous aurez vaporisé du vinaigre. Vous pouvez aussi ajouter quelques gouttes de parfum ou d'huile essentielle si vous ne supportez pas l'odeur du vinaigre. Mais rassurez-vous, elle disparaît rapidement.

Le repassage

En attendant la machine miracle qui repassera tout, vous pouvez tout quitter pour vivre dans un camp de nudistes ou vous faciliter la tache avec un peu de vinaigre. Il ne faut pas rêver. Toutes les vertus du vinaigre ne suffiront jamais à transformer la corvée de repassage en une partie de plaisir. Mais il apportera un peu de confort à cette douloureuse épreuve.

N'oubliez pas de mettre 1 ou 2 tasses de vinaigre dans votre machine à laver pour remplacer l'adoucissant. Les vêtements seront plus faciles à repasser.

Pour défroisser un vêtement sans le repasser, mettez 1 volume de vinaigre et 3 volumes d'eau dans un vaporisateur. Accrochez le vêtement sur un cintre et faites *pschitt pschitt* sur les plis. Laissez sécher.

Les plis de pantalon seront impeccables si, avant de le repasser, vous trempez un torchon dans un mélange moitié eau moitié vinaigre. Essorez le torchon, posez-le sur le pli et repassez. L'odeur du vinaigre disparaît dans le quart d'heure qui suit.

Pour enlever les plis d'un tissu, vaporisez avec du vinaigre et repassez.

Les ourlets défaits, laissent une marque que vous pouvez essayer d'effacer à condition que le tissu n'ait pas déteint. Frottez la marque avec une brosse à dents trempée dans de l'eau additionnée d'un peu de vinaigre. Répétez plusieurs fois et repassez.

Votre jupe est un peu lustrée, trempez une brosse à dents dans le vinaigre et frottez, puis épongez avec une serviette ou du papier absorbant.

Nettoyage du fer à repasser

Débouchez votre fer, en remplissant le réservoir à eau de vinaigre. Faites chauffer le fer. Une fois que le fer est chaud, appuyez sur le bouton vapeur 4 ou 5 fois. Toute la saleté accumulée va disparaître. Videz le vinaigre et rincez soigneusement avec de l'eau.

Votre fer laisse des traces jaunâtres, frottez la semelle avec un chiffon trempé dans du vinaigre puis dans du sel fin. Essuyez avec un chiffon sec.
Ou
Faites chauffer un mélange de vinaigre et de sel dans une casserole pour frotter la semelle du fer.

Vous pouvez faire subir le même traitement à votre fer à friser.

Fabriquez votre colle pour tissus et cuirs

Dans une casserole, faites fondre à feu doux 1 sachet de gelée alimentaire dans 3 cuillers à soupe d'eau. Lorsqu'elle est fondue, ajoutez 3 cuillers à soupe de vinaigre et 1 cuiller à café de glycérine. Mélangez soigneusement. Cette colle doit être appliquée chaude. Conservez le surplus dans un petit bocal en verre ou en plastique et faites la chauffer avant la prochaine utilisation.

Bas et collants

Pour qu'ils soient plus solides, trempez-les pendant quelques heures dans l'eau froide vinaigrée.
Ajoutez du vinaigre à l'eau de rinçage de chaque lavage.

Chaussures

Le vinaigre donnera un joli poli aux chaussures de cuir noir ou marron. Faites-les briller avec un chiffon doux, une peau de chamois ou un vieux bas.

Enlevez les taches d'eau sur le cuir en les frottant avec un chiffon propre trempé dans un mélange de vinaigre et d'eau.

Enlevez les auréoles sur les bottes de cuir souple en les brossant avec un mélange de vinaigre et d'eau froide.

Cuir vernis

Pour les faire étinceler, essuyez-les avec un chiffon doux imbibé de vinaigre.

Pour effacer les traces de sel sur les chaussures en hiver, mélangez 1 cuiller à soupe de vinaigre dans 1 tasse d'eau. Frottez les avec un chiffon doux imbibé de cette solution.

Pour faire disparaître les taches de graisse sur des chaussures en daim, frottez les taches avec une brosse à dents trempée dans du vinaigre.

Bijoux

Nettoyez les bijoux – pas les perles bien sûr, mais l'or, l'argent, les diamants et autres pierres précieuses – à l'exception des opales et des turquoises – avec du vinaigre. Mélangez ½ tasse de vinaigre avec 2 cuillers à soupe de bicarbonate. Mettez vos bijoux à tremper pendant 3 heures. Rincez-les à l'eau froide et séchez-les soigneusement avec un chiffon doux.

Lunettes

Mouiller les verres, ajouter 1 goutte de vinaigre chacun et essuyer.

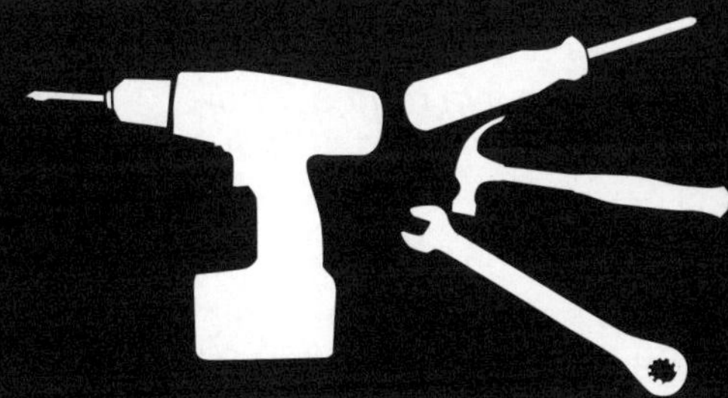

Du vinaigre dans la caisse à outils

Tous les bricoleurs et les McGyver de l'Antiquité à nos jours ont toujours utilisé du vinaigre. Le plus connu est sans doute Hannibal qui, muni d'éléphants et de vinaigre bouillant, a réussi à faire passer les Alpes à son armée. C'est du moins ce que raconte Tite-Live[1]*. Cet exploit est contesté par bon nombre de grincheux mais « Tant qu'on n'a pas connu la poudre de mine, c'est le feu et l'eau (acidulée ou non) qui ont servi à attaquer les rochers*[2]*. » D'ailleurs Pline et ses petits camarades Vitruve et Dion Cassius confirment que la technique est courante à l'époque. Pline en parle à deux reprises : « L'eau versée sur le rocher le fait éclater, si le feu n'y a pas suffi…*[3] *» et « on trouve des pierres que l'on brise par le feu et par le vinaigre*[4] *».*

Vitruve, ingénieur et architecte de Jules César, utilise la même technique : « ***Des pierres que le feu et le fer employés seuls ne peuvent entamer, sont chauffées par le feu et on les fait éclater et pulvériser en y versant du vinaigre*** [5]*. »*

1. Tite-Live : *Histoire romaine*, livre XXI.
2. Colin J : *Annibal en Gaule*, Paris, 1904.
3. Pline : *Histoire naturelle*, XXIII – 27.
4. Pline : *Histoire naturelle*, XXXIII – 21.
5. Marcus Vitruvius Pollio : *De Architectura,* VIII – 3.

Et Dion Cassius confirme à propos d'une ville assiégée : « Des traîtres fendirent avec du vinaigre, une tour en pierres très solide, de manière à la rendre friable[6]. » On retrouve ce procédé dans les Mille et une nuits.

Cet explosif pour rochers servait aussi à polir les armures de chevaliers. Un peu de vinaigre dans une poignée de sable, et voilà un super abrasif pour faire rutiler un chevalier.

Indispensable sur les champs de bataille, non seulement il dopait les troupes, mais c'était également un désinfectant pour les blessures, une arme redoutable pour peu qu'on puisse viser les yeux de l'ennemi – un procédé recommandé par Euripide dans *Les Grenouilles* d'Aristophane.

Les Romains s'en servaient pour éteindre les incendies. Les vigiles étaient équipés de *centones*, sortes de couvertures qu'ils inondaient de vinaigre pour éteindre les feux. D'ailleurs les pompiers municipaux portaient le nom de *centonarii*[7].

Le vinaigre servait également à refroidir les canons. Louis XIII, par exemple, a dépensé plus de 1,3 millions de francs rien qu'en vinaigre à verser sur les canons de son armée pour une seule bataille ! Une somme faramineuse à l'époque, mais Louis a sans doute réussi à calmer son comptable en lui faisant remarquer que dans l'opération, non seulement les canons étaient refroidis mais qu'en plus, ils brillaient comme des sous neufs.

Les chevaliers et les chevalières n'ont plus de canons à refroidir ni d'armures à polir, mais avec des pare-brise à dégeler, des murs à peindre et des éviers à déboucher, ils ont toujours besoin de vinaigre. Et pour celles qui ne se sentent pas rassurées lorsqu'elles sortent seules, adaptez la recette d'Euripide. Mettez du vinaigre blanc dans un petit vaporisateur que vous glissez dans votre sac ou votre poche…

6. Dion Cassius : *Histoire Romaine*, XXXV.
7. Carter HV : Conflagrations in Ancient Rome, University of Illinois, *The Classical Journal,* Vol. 27, No. 4 (January 1932), 270-288.

Le bricolage est un passe-temps à risques. Prévoyez du vinaigre blanc pour y tremper un pouce meurtri par un coup de marteau ou un doigt en compote parce qu'il a été coincé dans une porte.

Prévoyez également du vinaigre pour enlever rapidement les traces de ciment ou de béton sur la peau. Puis lavez à l'eau chaude et au savon.

Plomberie

L'évier est bouché

Versez 4 tasses de bicarbonate dans l'évacuation, ajoutez un demi-litre de vinaigre blanc chaud. S'il n'y a pas de corps étranger solide dans la tuyauterie votre évier est sauvé.

S'il est toujours bouché, recommencez. Et dès que le mélange bicarbonate et vinaigre ne mousse plus, attaquez le trou d'écoulement avec une ventouse. Puis versez de l'eau bouillante.

Attention : n'utilisez pas de vinaigre APRÈS avoir versé un produit commercial classique pour déboucher les éviers. Le vinaigre associé au produit provoquera des émanations chimiques dangereuses.

Peinture

Avant de pouvoir peindre, il faut nettoyer et préparer les surfaces.

Lessive pour les murs

Lessivez les murs, plafonds, portes, plinthes et fenêtres avec ½ verre de vinaigre et ¼ de verre de bicarbonate dans 4 litres d'eau chaude. Lessivez toujours du bas vers le haut pour éviter les marques de coulure. Inutile de rincer.

Décoller le papier peint

Savez-vous comment décoller facilement le vieux papier peint sans avoir à louer une décolleuse ou transformer votre salon en sauna ? Passez un rouleau à peinture trempé dans un mélange chaud moitié eau moitié vinaigre sur le papier.

Reboucher les trous

Si vous souhaitez ralentir le séchage du plâtre de réparation et l'enduit de rebouchage, ajoutez du vinaigre à l'eau utilisée pour le préparer. Compte ½ cuiller à café par litre d'eau.

Éviter les odeurs de peinture

Mettez deux coupelles de vinaigre blanc dans la pièce pendant et après les travaux de peinture pour vous débarrasser de l'odeur de peinture.

Taches de peinture

Retirez les taches de peinture sur le plastique, le verre, le carrelage avec du vinaigre chaud que vous appliquez au pinceau. Laissez agir et enlevez avec une lame de cutter ou une lame de rasoir, elles partiront.

Éviter que la peinture ne s'écaille rapidement sur les sol en ciment.

La peinture a tendance à s'écailler rapidement sur les sols en ciment. Pour qu'elle dure plus longtemps, avant de peindre, passez une couche de vinaigre sur toute la surface. Laissez sécher avant de peindre.

Préparer le métal

Avant de peindre les tuyaux métalliques de la maison ou les meubles en métal, lavez-les avec du vinaigre pour les empêcher de s'écailler.

Vous pouvez utiliser la même technique pour prolonger la vie de la peinture sur les surfaces en métal galvanisé.

Enlever la rouille

Pour enlever les vis, les boulons, les écrous ou autres charnières rouillés, versez du vinaigre dessus. Laissez agir un petit moment avant de dévisser.

Pour nettoyer les vieux outils de la cabane du jardin, mettez-les à tremper dans le vinaigre pendant quelques jours.

Pinceaux

Vos pinceaux préférés et votre queue-de-morue adorée sont durs comme du bois. C'est ce qui arrive lorsqu'on ne les nettoie pas correctement. Séchez vos larmes et ne jetez pas ces pauvres pinceaux durcis. Mettez-les plutôt à tremper dans du vinaigre chaud, lavez à l'eau chaude et au savon, rincez, lissez et faites sécher.

Enlever la colle sur le bois

Appliquez le vinaigre chaud au pinceau sur la surface encollée, puis trempez des chiffons dans le vinaigre et posez-les sur la surface encollée. Attendez quelques heures et retirez la colle avec une spatule.

Après le décapage à la soude

Une fois que vous avez décapé une surface, un meuble, etc. avec de la soude et que vous avez retiré toute la peinture, rincez avec du vinaigre pour neutraliser la soude.

La voiture

Vitres et rétroviseurs

Nettoyez-les avec du vinaigre.

Si les essuie-glaces ne parviennent pas à nettoyer le pare-brise, c'est que les lames sont sales. Nettoyez-les avec un chiffon trempé dans du vinaigre et passez-le une ou deux fois sur les lames.

Enlevez facilement les vieilles vignettes collées sur le pare-brise en les imbibant de vinaigre chaud.

Pour éviter d'avoir à gratter le givre sur votre pare-brise le matin, testez ce petit truc qui vous fera gagner du temps. Le soir, lavez le pare-brise avec un mélange de 3/4 de vinaigre et ½ d'eau. Le vinaigre empêchera le givre de se former.

Carrosserie

Pour effacer les traces d'eau, rincez la voiture avec 3 volumes d'eau distillée et 1 volume de vinaigre.

Faites rutiler la carrosserie en ajoutant quelques gouttes de vinaigre à l'eau de rinçage.

Pour dévisser des écrous, des boulons ou des vis rouillés, mettez-les à tremper dans du vinaigre.

Faites rutiler les chromes et l'acier avec un chiffon imbibé de vinaigre.

Tapis et sièges

Passez l'aspirateur, puis faites un mélange moitié eau moitié vinaigre pour frotter les tapis avec une éponge. Laissez agir 5 minutes puis épongez.

Pour enlever du chewing-gum collé au tapis ou sur les sièges, passez un glaçon dessus, retirez ce que vous pouvez puis recouvrez ce qui reste avec du vinaigre.

Nettoyez les sièges en cuir avec un chiffon imbibé de vinaigre chaud et rincez avec un chiffon trempé dans l'eau savonneuse.

Vos enfants ou le chien ont vomi leurs 4 heures dans la voiture. Enlevez ce que vous pouvez, rincez à l'eau gazeuse puis à l'eau vinaigrée. Le soir, mettez un récipient avec du vinaigre dans la voiture. Fermez toutes les écoutilles et le lendemain matin, les mauvaises odeurs auront disparu.

Le bateau

De nombreux produits nettoyants contiennent des phosphates et d'autres produits chimiques toxiques pour le système aquatique. Avant de les utiliser, essayez d'abord le vinaigre.

Vitres et miroirs

Remplissez un vaporisateur avec du vinaigre, du jus de citron et de l'eau chaude. Vaporisez sur les vitres et essuyez avec du papier journal ou un chiffon en microfibres.

Chromes

Imbibez un chiffon doux avec du vinaigre pour nettoyer les chromes et faites les rutiler avec quelques gouttes d'huile pour bébé.

Acier inoxydable

Nettoyez toutes les surfaces en acier avec du vinaigre.

Surfaces en plastique

Nettoyez-les avec 1 volume de vinaigre dilué dans 2 volumes d'eau chaude.

Les ponts

Faites comme Christophe Colomb, briquez les ponts avec 1 volume de vinaigre dilué dans 8 volumes d'eau chaude.

Dans l'attirail du jardinier 'écolo'

Les jardiniers romains étaient des experts en plantations, ils maîtrisaient les techniques de greffe, utilisaient le fumier, employaient des pesticides, appliquaient du goudron, de l'ammoniaque et de la chaux. Ils enfumaient leurs vergers et attaquaient le mildiou, les chenilles, les chancres et les moucherons avec des pastilles faites de crottes séchées et de vinaigre[8].

Les produits basiques dans l'attirail du jardinier 'écolo' sont les mêmes que ceux qu'on trouve dans le placard de la cuisine : vinaigre, bicarbonate, liquide vaisselle, sel, citron, ail, etc.

Stimuler les plantes

Pour accélérer la germination, vous pouvez donner un petit coup de pouce aux graines de passiflores, des fleurs de lune (aussi appelées lys de la paix ou *Spathiphyllum*) et des coloquintes en les scarifiant légèrement, c'est-à-dire en les frottant entre 2 feuilles de papier de verre. Puis mettez-les dans une solution d'½ tasse de vinaigre de cidre et ½ litre d'eau chaude pendant 1 nuit.

---

8. Unglow J : *A Little History of British Gardening*, Pimlico, 2005.

Le lendemain matin, retirez les graines, rincez-les et plantez-les. Vous pouvez aussi utiliser la solution (sans le traitement au papier de verre) pour grand nombre de graines.

Un petit coup de vinaigre suffit parfois à revigorer une plante et à stimuler ses défenses contre les maladies et les parasites. Mélangez 3 cuillers à soupe de vinaigre dans 4 litres de jus de compost[9] et vaporiser régulièrement les plantes avec ce liquide.

Arrosez vos roses 1 fois par mois avec 2 cuillers à soupe de vinaigre dans 4 litres d'eau.

Préparez une bonne terre écologique

Testez le sol

Faites un test rapide de pH. Mettez 1 poignée de terre dans ½ tasse de vinaigre. Si le vinaigre fait des bulles, le sol est alcalin.

Pour réduire l'alcalinité, mélangez du marc de café à la terre.

Pour savoir si la terre est très acide, mélangez 1 poignée de terre avec ½ tasse d'eau et ½ tasse de bicarbonate. Cette fois, les bulles indiquent que le sol est sans doute trop acide pour la plupart des fleurs et des légumes.

Neutralisez l'acidité du sol en l'arrosant avec un mélange de 4 cuillers à soupe de bicarbonate dans 1 litre d'eau.

Augmentez l'acidité du sol pour les plantes qui en ont besoin, comme les azalées, les gardénias et les rhododendrons, en arrosant 1 fois par mois avec 1 tasse de vinaigre dilué dans 4 litres d'eau.

9. Le jus de compost ou thé de compost est un liquide de couleur foncée qui s'accumule dans le fond du bac au fur et à mesure du travail des vers. C'est l'équivalent d'un engrais. On l'utilise en dilution pour nourrir les plantes : 1 volume de thé de compost pour 10 volumes d'eau.

Fini les taches sur le gazon

Mettez 1 cuiller à soupe de vinaigre dans l'eau de votre chien et vous n'aurez plus de vilaines taches jaunes sur votre gazon aux endroits où il fait pipi.

La couleur des fleurs

La couleur des hortensias et autres hydrangeas varie en fonction du sol. Ils sont blancs ou verts dans des sols neutres.

Ils sont roses dans des sols alcalins ou si vous les arrosez de temps en temps avec de l'eau additionnée de 2 cuillers à café de bicarbonate.

Ils sont bleus dans des sols très acides ou avec du sulfate d'alumine. Arrosez-les avec 2 tasses de vinaigre dilué dans 4 litres d'eau et mettez de l'ardoise pilée au pied des plants ou plantez des grands clous rouillés dans le sol en direction des racines.

Éradiquez les taches jaunes

L'apparition soudaine de taches jaunes sur les plantes qui aiment les sols acides peut indiquer une baisse dans la prise de fer des plantes ou un changement du pH au-dessus du niveau 5.0 recommandé. Les deux problèmes peuvent être résolus en arrosant le sol autour des plantes malades une fois par semaine pendant 3 semaines avec une tasse du mélange suivant : 2 cuillers à soupe de vinaigre de cidre dilué dans 1 litre d'eau.

Dehors les parasites

Traitez la rouille et autres maladies des plantes

Ne perdez pas de temps. Aux premiers signes d'oïdium ou mildiou sec, de mildiou, de tavelure, de rouille et de fonte des semis, vaporisez les plantes avec 2 cuillers à soupe de vinaigre de cidre dilué dans 2 litres d'eau. Vaporisez les plantes infectées le matin ou le soir – lorsque la température est relativement fraîche et qu'il n'y a pas de lumière qui tape directement sur la plante – jusqu'à guérison de la plante.

Ce remède donne de bons résultats pour traiter la tache noire de la rose causée par le champignon *Diplocarpon rosae*, la maladie des roses de jardin la plus répandue au monde.

Pesticide 'bio'

Pour jardiner 'écolo', remplacez les pesticides chimiques pour les légumes avec une dilution de 1 ml de piment dans 1 litre de vinaigre.

Désherbants écologiques

De nombreuses études montrent que les désherbants chimiques sont dangereux pour la santé. Le vinaigre est une excellente alternative pour contrôler les mauvaises herbes, les insectes nuisibles et maladies qui s'attaquent à vos plates-bandes. Et le vinaigre de cidre est un herbicide sans danger pour l'environnement, un élément clé dans les herbicides et fertilisants biologiques.

En Suède, le vinaigre a été enregistré en tant qu'herbicide pour éliminer les mauvaises herbes qui longent ou percent trottoirs[10]. Il est parfait pour désherber les cours, les murs et les pavés du patio.

10. Agrichemical and Environmental News, Oct. 2002, issue No 198 Radhakrishnan J, JR Teasdale JR & B Coffman : Vinegar as a non-toxic and safer weed control option, Agricultural Research Service ARS, 2002.

Des chercheurs américains[11] ont démontré pour la première fois que le vinaigre est un excellent désherbant, économique et sans dangers pour l'environnement – parfait pour les agriculteurs bios. Ils ont testé le vinaigre sur les mauvaises herbes les plus courantes (abutilon, amarante, chardon des champs, sétaire), en serre et en plein air. Elles ont toutes été éradiquées avec des vinaigres produits à partir de fruits ou de céréales pour se conformer aux normes de l'agriculture biologique.

Avec le vinaigre vous pouvez contrôler la végétation indésirable le long des routes et des chemins. Malheureusement, le vinaigre n'est pas un herbicide sélectif qui peut abîmer les autres plantes. Il faut donc l'utiliser pour des cas précis comme les surfaces envahies par les mauvaises herbes et des endroits déterminés, comme par exemple, entre les dalles du patio.

Vous pouvez appliquer le vinaigre de deux façons
En le vaporisant directement sur la plante – comme n'importe quel herbicide de contact – ou dans le sol.

En le vaporisant directement sur la plante vous détruisez l'enveloppe protectrice du feuillage, ce qui favorise le dessèchement de la plante. La plante se dessèche jusqu'à la racine et meurt.

En versant le vinaigre dans le sol, vous abaissez le pH au point que les plantes ne peuvent pas survivre.

Préparez vos désherbants

Faites bouillir 1 litre d'eau, ajoutez 2 cuillers à soupe de sel et 5 cuillers à soupe de vinaigre et versez immédiatement sur les mauvaises herbes qui poussent sur aux bords des allées et des chemins.

Vinaigre et citron

Une petite variation sur le thème du vinaigre consiste à mélanger ¼ de tasse de jus de citron avec 1 tasse de vinaigre. Vaporisez directement sur les herbes à éliminer et uniquement sur elles après le coucher du soleil, 2 ou 3 jours d'affilée.

11. Radhakrishnan J, JR Teasdale JR & B Coffman: Vinegar as a non-toxic and safer weed control option, Agricultural Research Service ARS, 2002.

Patio

Vaporisez ou versez du vinaigre sur les pierres du patio pour les nettoyer et sur les mauvaises herbes pour les éradiquer.

Si le patio est devenu la cible favorite des déjections d'oiseaux, nettoyez le carnage avec du vinaigre.

Pour nettoyer les marques de calcaire sur les briques ou sur vos pavés japonais, vaporisez un mélange d'eau et de vinaigre. Laissez agir avant de rincer.

Meubles de jardin

Nettoyez et désinfectez les meubles de jardin avec un chiffon trempé dans du vinaigre. Vous ferez aussi disparaître les moisissures et retarderez leur retour.

Mélangez 2 tasses de vinaigre et 2 tasses de liquide vaisselle dans 1 seau d'eau chaude. Utilisez une vieille brosse à dents pour frotter les rainures. Rincez à l'eau froide et séchez au soleil.

Pour nettoyer une fontaine, détartrez la pompe en la trempant dans du vinaigre.

Nettoyez les mangeoires des oiseaux avec du vinaigre. Il ne laisse pas de résidus nocifs pour les oiseaux comme le savon ou le détergent.

Nettoyez le bain des oiseaux en le frottant souvent avec du vinaigre. Rincez soigneusement.

Bac à sable

Pour éloigner les chats du bac à sable, versez du vinaigre tout au tour. Renouveler l'opération toutes les semaines.

Bassin à poissons

Avant d'y mettre des poissons et des plantes, désinfectez le bassin en ciment avec 1 litre de vinaigre dans 200 litres. Laissez agir 3 jours et rincez soigneusement.

Des mains propres et douces

Si vous jardinez sans gants, neutralisez une terre trop alcaline en vous lavant les mains avec du vinaigre blanc. Mettez-en dans une bouteille avec vaporisateur à côté de l'évier pour garder les mains bien douces.

Retirez les taches de fruits rouges et d'autres baies sur les mains avec du vinaigre.

Nettoyez les outils avec du vinaigre

Nettoyez les vases avec une solution moitié eau moitié vinaigre ou avec du vinaigre pur s'ils sont très sales.

Nettoyez les taches et les dépôts de calcaire sur les pots de fleurs en terre cuite, vernie ou en plastique en les mettant à tremper dans une solution moitié eau moitié vinaigre pendant 1 heure ou plus.

Retirez le moisi sur les pots de fleurs en terre cuite en les trempant dans un mélange de vinaigre et d'eau chaude avant de les frotter à la paille de fer.

Désinfectez les pots avant de faire vos plantations. Trempez-les dans une solution moitié eau moitié vinaigre pendant 1 heure ou plus.
Désinfectez les lames des sécateurs avec du vinaigre pour éviter de propager les maladies d'un arbuste à l'autre.

L'herbe, surtout l'herbe mouillée, a tendance à s'accumuler sur les lames de la tondeuse. Avant de la garer dans la cabane à outils ou le garage, essuyez les lames avec un chiffon imbibé de vinaigre pour éliminer les bouts d'herbe qui y collent et les insectes qui projetaient de s'installer pour un petit moment.

Pour enlever la rouille qui vous empêche de dévisser les boulons et les vis, mettez-les dans le vinaigre pour la nuit.

Si vous découvrez une souris morte ou d'autres petits rongeurs trépassés dans la cabane à outils, débarrassez-vous du cadavre, puis sortez le vinaigre pour éliminer l'odeur et désinfectez les lieux.

Dehors les insectes indélicats

Dites-vous bien que seulement 5 % des insectes qu'on trouve dans les jardins ou les maisons sont nuisibles. Réfléchissez bien avant de jouer les *Terminators*. Traiter la totalité du jardin avec un insecticide toxique peut empirer le problème au lieu de le diminuer. En éliminant les insectes bénéfiques, comme les coccinelles, les chrysopes, les araignées et plusieurs autres, vous les empêcherez de faire leur travail de prédateurs utiles.

Si les moucherons, mouches, moustiques et autres pestes à 6 pattes s'attaquent aux fruits et aux légumes du jardin, préparez un piège. Dans une bouteille en plastique de 1,5 litres, versez 1 tasse de vinaigre de cidre et 1 tasse de sucre. Puis coupez 1 banane en petits morceaux et mettez-les dans la bouteille, ajoutez 1 tasse d'eau et secouez. Attachez une ficelle autour du goulot de la bouteille et accrochez-la à une branche basse ou posez-la sur le sol. Changez ces pièges aussi souvent que nécessaire.

Évitez de vous faire envahir par ces mêmes insectes *non grata* lorsque vous déjeunez dans le jardin en les attirant dans un piège. Loin de votre table, mettez un bol de vinaigre de cidre près d'une assiette avec des aliments. À la fin de la soirée, vous retrouverez tous ces indésirables noyés dans le saladier.

Cafards

Pour les faire fuir ou les exterminer, vaporisez ces renégats impopulaires avec du vinaigre. Et laissez à ceux qui auraient la mauvaise idée de revenir, une petite collation à base de farine et de plâtre en quantités égales. Ils raffolent de la farine et avaleront le plâtre avec.

Fourmis

Les fourmis, n'aiment pas le vinaigre. Arrosez la fourmilière avec de l'eau et saupoudrez-la de bicarbonate, attendez 30 minutes puis versez du vinaigre sur le bicarbonate.

Mites

Pour attraper les mites, mettez 2 volumes de vinaigre et 1 volume de mélasse dans une boîte de conserve vide que vous accrochez à une branche. Elles viendront se noyer dans la boîte.

Dehors les animaux envahisseurs

Fini les animaux qui saccagent le jardin. Les chats, les chiens, les lapins, les ragondins et même les cerfs détestent l'odeur du vinaigre, même lorsqu'il a séché.

Chats

Si des chats saccagent votre jardin, encouragez-les à aller faire leurs trous ailleurs. Faites passer le message avec des bouts de papier journal ou des chiffons trempés dans le vinaigre que vous placez aux endroits qu'ils affectionnent. L'odeur du vinaigre les incitera à éviter votre jardin et à aller plutôt creuser celui du voisin.

Lapins

Pour empêcher les lapins de manger vos plantes, trempez des boules de coton dans le vinaigre et mettez-les dans des boîtes de pellicule photo. Faites un trou dans le couvercle et mettez-les dans le jardin.

Limaces et escargots

Pour faire la chasse aux limaces, vaporisez-les avec un mélange moitié eau moitié vinaigre. Soumises à ce cruel traitement, elles meurent très rapidement.

Dans la trousse du vétérinaire

Nos petits camarades Aristote, Caton, Varon, Virgile et Co ont laissé des observations sur les animaux, mais les premiers écrits professionnels du IVe siècle de notre ère sont ceux d'Apsyrte. Le plus renommé des hippiatres grecs, père de la médecine vétérinaire, dont le traité vétérinaire n'existe plus, mais dont on retrouve la plus grande partie dans la Collection des hippiatres grecs, traite de toutes les affections animales connues de son temps[1]. Le vinaigre a sa place dans la pharmacopée hippiatrique. Et pendant très longtemps, il figure dans l'almanach des fermiers. Au XVIIe siècle par exemple, en Angleterre, il recommande aux fermiers de pratiquer la prévention en évitant de commettre des péchés et en lavant la gueule des bœufs avec leur urine et du vinaigre de vin blanc. Ou, nettement plus agréable pour les bœufs comme pour les fermiers, de nourrir le bétail avec un mélange de vinaigre de vin blanc[2], de thym et de sel[3].

1. Neumann Louis Georges : *Biographies vétérinaires*, avec 42 portraits dessinés par l'auteur, Paris : Asselin et Houzeau, 1896.
2. Dade w : *The Country_Man's Kalender*, London, 1696,
3. Lilly W : *Ephemeris*, London, 1657.

Si le vinaigre est bon pour les humains, pourquoi ne pas en faire profiter nos petits et grands compagnons domestiques ? Dans son Vermont natal, le Dr Jarvis[4], grand consommateur et prescripteur de vinaigre, a également obtenu d'excellents résultats faisant administrer du vinaigre de cidre aux animaux à titre préventif et curatif. Vaches, chevaux, moutons, chèvres, chiens, poulets et même les visons ont eu droit à leur ration quotidienne de vinaigre.

Si vos animaux ont un problème, consultez toujours un vétérinaire. Les recettes ci-dessous ne peuvent en aucun cas le remplacer.

Des animaux en pleine forme

Les micronutriments du vinaigre de cidre ou de riz en font un excellent complément alimentaire pour vos petits et grands compagnons domestiques à poils ou à plumes. Des chats et des chiens aux pigeons, poulets ou perroquets sans oublier les vaches et les chevaux. Ajoutez le vinaigre à leur eau ou à leur nourriture. En plus de l'apport en vitamines et oligo-éléments, le vinaigre stimule les défenses, facilite la digestion et inhibe le développement de bactéries indésirables comme l'E-coli. Il élimine les mauves odeurs, chasse les moustiques, les puces et les tiques, soulage les problèmes de peau, et donne un pelage bien brillant.

La dose quotidienne recommandée par les vétérinaires varie en fonction du poids de l'animal. Comptez :

- 1 cuiller à café pour les chats et les petits chiens jusqu'à 7 kg.
- 2 cuillers à café pour les chiens moyens de 7 à 17 kg.
- 1 cuiller à soupe pour les gros chiens de 17 à 42 kg.

NE DONNEZ PAS DE VINAIGRE AUX ANIMAUX QUI ONT LES INTESTINS IRRITES.

Commencez par une dose plus faible et augmentez progressivement la quantité pour les habituer.

4. Jarvis DC : *Folk Médecine*, Fawcett Publications Inc, 1958.

Chats et chiens

Le nez ou les yeux qui coulent ou la toux

Une dose de vinaigre quotidienne dans la pâtée de Sweetie le teckel et de Léo le chat et fini le nez qui coule, les yeux qui larmoient et adieu la vilaine toux.

Les larmes peuvent marquer le pelage lorsqu'il est clair. Un peu de vinaigre dans leur eau suffit à éliminer le problème en quelques semaines. Commencez par quelques gouttes pour arriver à la dose recommandée en fonction de la taille de l'animal.

Les oreilles

À titre préventif, nettoyez et désinfectez régulièrement les oreilles avec un coton trempé dans 2 volumes de vinaigre et 1 volume d'eau. L'odeur découragera aussi d'autres envahisseurs potentiels comme la gale des oreilles.

N'APPLIQUEZ PAS DE VINAIGRE SUR DES LACÉRATIONS.
S'ils rentrent avec les oreilles en lambeaux, mettez le gyrophare et foncez chez le vétérinaire.

S'ils se grattent l'oreille plus que d'habitude, préparez une solution avec 1/3 de vinaigre, 1/3 d'alcool à 70° et 1/3 d'eau. Mettez dans un petit flacon à embout (un flacon de collyre par exemple) préalablement stérilisé à l'eau bouillante. Mettez 8-10 gouttes 1 fois par jour pendant 3 jours dans l'oreille de Sweetie ou de Léo et maintenez sa tête penchée sur le côté pendant 1 minute puis relâchez. Essuyez avec un mouchoir en papier. Si au bout de 3 jours, ils se grattent toujours, voyez un vétérinaire.

Les piqûres

Le vinaigre soulagera aussi les piqûres de moustiques ou d'autres insectes.

Les problèmes de peau, les démangeaisons

Pour soulager les problèmes de peau de votre petit compagnon canin ou félin, ajoutez du vinaigre à son eau et donnez-lui un bain dans de l'eau chaude puis rincez-le avec 1 volume de vinaigre dilué dans 3 volumes d'eau.

Les puces et les tiques

Pour prévenir les puces et les tiques, préparez une solution moitié eau moitié vinaigre. Appliquez-la directement sur le pelage en frottant pour bien faire pénétrer. Vous aurez plus de mal avec un chat qu'avec un chien parce que les chats détestent vraiment l'odeur vinaigre.

Si les puces sont dans le pelage, tuez-les en ajoutant un peu de vinaigre à leur bol d'eau.

Faites un shampoing doux à votre lascar, rincez-le soigneusement et vaporisez-le avec 2 cuillers à soupe de vinaigre dilué dans 1 litre d'eau. Laissez-le sécher à l'air libre.

Des chats et des chiens bien dressés

Pour apprendre aux petits chats et chiens à être propres, nettoyez les dégâts avec de l'eau gazeuse, recouvrez de bicarbonate et laissez sécher. Passez l'aspirateur et testez votre tapis pour voir s'il supporte le vinaigre. Si c'est le cas, nettoyez les dégâts avec du vinaigre que vous laissez agir pendant 10 bonnes minutes. Rincez et laissez sécher.

Les chats et les chiens détestent l'odeur du vinaigre et ne recommenceront pas au même endroit.

Ôtez-leur l'envie de se faire les griffes, de mordiller les meubles ou de s'installer sur le canapé en vaporisant les objets interdits avec du vinaigre.

Lavez et désinfectez leurs écuelles avec du vinaigre.

Les chats

Désodorisez et désinfectez la litière du chat en versant 2 cm de vinaigre dans le bac vide. Laissez agir 20 minutes, videz et rincez soigneusement à l'eau froide.

Si un chat marque son territoire dans la maison ou le jardin, vaporisez avec du vinaigre puis rincez.

Calmez deux chats qui se battent avec une pression de vaporisateur d'eau vinaigrée. Prenez soin d'éviter les yeux.

Ôtez à votre chat l'envie de manger vos plantes en les vaporisant avec une solution d'eau vinaigrée.

Les chiens

Si votre chien a le blues, s'il est éteint, manque d'allant, s'il est fatigué physiquement et mentalement, s'il a tendance à attraper des rhumes, s'il a des callosités, s'il est constipé, s'il a des démangeaisons, des crampes, les articulations raides, des boutons, il manque peut-être de potassium. Donnez-lui une dose quotidienne de vinaigre de cidre. Les résultats sont visibles au bout de 2 semaines.

Fertilité

Le Dr Jarvis rapporte l'histoire d'un ami dentiste dont les cinq boxers femelles avaient des problèmes de reproduction. Le bon docteur explique qu'à son avis les problèmes sont dus à un manque de potassium et autres oligo-éléments. Pour les corriger, il prescrit en dose quotidienne, 1 cuiller à soupe de vinaigre dans l'eau des boxers. Et dans l'année, toutes les cinq chiennes ont eu des petits en pleine santé.

Odeurs corporelles fortes

Si votre chien sent vraiment très fort, ajoutez du vinaigre à l'eau de son bain.

Un chien trop bruyant

Utilisez un vaporisateur d'eau vinaigrée pour apprendre à Rantanplan qu'il doit éviter d'aboyer. À chaque fois qu'il pousse ses vocalises, vaporisez-le en prenant bien soin d'éviter les yeux.

Préserver le gazon

Mettez 1 cuiller à soupe de vinaigre dans l'eau de votre chien et vous n'aurez plus de vilaines taches jaunes sur votre gazon aux endroits où il fait pipi.

Petits rongeurs

Nettoyez et désinfectez la cage, le bol et la bouteille de Puccini le cochon d'Inde ou de Roméo le lapin nain avec du vinaigre d'alcool. Et rincez soigneusement.

Créatures aquatiques

Nettoyez et détartrez l'aquarium de Gédéon le poisson ou de Bartholomé la tortue avec du vinaigre et rincez soigneusement.

Oiseaux

Titi le canari et Harvey le perroquet grandiront en pleine forme avec de belles plumes si vous ajoutez un peu de vinaigre de cidre à leur eau ou leur nourriture. Vous stimulerez aussi leurs défenses immunitaires qui ne sont pas toujours au top lorsqu'ils sont en cage[5].

Pour désinfecter les récipients à eau et à nourriture, plongez-les dans de l'eau très chaude additionnée d'1 tasse de vinaigre et d'1 cuiller à soupe de liquide vaisselle.

Et une fois par semaine, plongez les récipients lavés dans du vinaigre pendant quelques heures. Rincez soigneusement.

5. Doane BM : *The Parrot in Health and Illness*, Howell Book House, 1991.

Pour nettoyer et désinfecter les cages, volières, perchoirs, baignoires, bouteilles et mangeoires etc. utilisez une solution d'eau et de vinaigre. Pour attaquer les zones très sales, vaporisez avec vinaigre, laissez agir quelques minutes puis frottez avec du bicarbonate. Passez une brosse à dents ou un chiffon imbibés de vinaigre et rincez à l'eau claire.

Vous pouvez aussi préparer un produit nettoyant avec ½ tasse de vinaigre et ¼ de tasse de liquide vaisselle dans 8 litres d'eau chaude.

Poulets

Le Dr Jarvis rapporte que les poulets abreuvés à l'eau additionnée de vinaigre de cidre grandissent, grossissent et s'emplument plus rapidement que les autres. Et une fois dans l'assiette, ils sont plus charnus et plus dodus que les poulets non vinaigrés et leur chair est plus tendre. *Dito* pour les dindes et les canards.

Commencez par ½ cuiller à café puis 1 cuiller à café dans 250 ml d'eau pour un poids de 7 kg. Ce qui fait ¼ de tasse pour 4 litres d'eau que vous pouvez mettre dans leur eau ou vaporiser sur leur nourriture.

Les poules produisent plus d'œufs avec 1 dose quotidienne de vinaigre de cidre.

Pour éviter que les poulets ne se donnent des coups de bec, ajoutez du vinaigre à leur eau.

Utilisez du vinaigre d'alcool pour nettoyer et désinfecter les écuelles et le poulailler.

Chevaux

L'herboriste Robert McDowell explique qu'il a commencé par soigner les humains avec les extraits traditionnels à base d'alcool et d'eau. Lorsqu'il a commencé à soigner les chevaux, il a décidé d'utiliser le vinaigre parce qu'un foie de cheval ne supporte pas la quantité d'extraits alcoolisés nécessaire. Il a donc expérimenté les extraits de vinaigre et mis au point plusieurs dizaines de traitements standards pour soigner les chevaux[6]. Spécialiste du traitement et de la prévention des chevaux de course et des lévriers de course tout au long de leur carrière, il soigne aussi les autres animaux, y compris les animaux domestiques et les pensionnaires des zoos, dont un éléphant[7].

Le vinaigre purifie l'eau. Ajoutez 1 tasse de vinaigre de cidre bio au réservoir d'eau pour purifier l'eau des chevaux et les garder en bonne santé. Utilisez, si vous le pouvez, de l'eau sans chlore.

Si votre réservoir se remplit automatiquement, ajoutez 1 tasse de vinaigre pour 25 litres d'eau puis ajoutez 30 gr de vinaigre par cheval par jour.

Avec ¼ de tasse (60 ml) de vinaigre par jour, un cheval en bonne santé résistera remarquablement bien aux problèmes de parasites et d'insectes, son pelage sera plus brillant et plus facile à brosser. Il sera plus résistant et aura plus d'énergie.

Pour encourager les chevaux qui refusent de boire dans un abreuvoir qu'ils ne connaissent pas, s'ils ont l'habitude du vinaigre, il suffit d'en mettre dans l'eau pour les faire changer d'avis.

Pour un cheval en bonne santé, comptez ¼ de tasse (60 ml) de vinaigre de cidre dilué dans la même quantité d'eau. Ajoutez le mélange à leur nourriture : avoine, foin etc. Au début, ils sont un peu réticents mais ils en raffolent rapidement.

Le potassium et les autres oligoéléments qu'il contient sont excellents pour les juments et les chevaux âgés qui ont des problèmes digestifs ou qui souffrent d'arthrite. Vous remarquerez très vite la différence, après seulement 2 ou 3 semaines.

6. Communication personnelle.
7. www.herbal-horsekeeping.com

Si votre cheval a des problèmes rénaux ou une autre infection, le vinaigre de cidre peut contribuer à éliminer rapidement le problème. Si votre cheval prend déjà ¼ de tasse de vinaigre par jour, doublez la dose. Ajoutez ¼ de tasse supplémentaire à son deuxième repas. Puis graduellement, augmentez la dose en ajoutant 1/8 de tasse à chaque repas pour arriver à un maximum de ¾ de tasse par jour. Donnez-lui cette dose jusqu'à disparition de l'infection.

Consultez toujours un vétérinaire. S'il prescrit des antibiotiques, le vinaigre de cidre augmentera leur efficacité.

Mouches

Pour éloigner les mouches qui irritent les chevaux, les vaches et les autres animaux, préparez un piège avec 3 tasses d'eau, ¼ de tasse de vinaigre et ¼ de tasse de sucre. Mélangez et mettez dans un grand bocal avec un couvercle. Percez des trous dans le couvercle. Les mouches pourront entrer, mais pas ressortir.

Vaporisez une solution moitié eau moitié vinaigre sur les murs, les poutres, les barrières etc. de l'endroit où se trouvent les animaux et vaporisez-les avec ½ tasse de vinaigre dilué dans 1 litre d'eau. En prime, ils auront un pelage propre et bien brillant.

Vous pouvez aussi préparer un insecticide. Mettez 1 tasse de vinaigre, 1 tasse d'huile de bain, 1 tasse d'eau et ½ tasse de shampoing pour bébé dans un vaporisateur. Secouez vigoureusement et adieu varrons et moucherons.

Cet insecticide est efficace et sans danger même sur les poulains. Vous n'aurez pas de mal à l'appliquer parce qu'il ne pique pas et ne brûle pas.

En interne

Tous les jours, ajoutez une cuiller à soupe de vinaigre de cidre à l'avoine de votre cheval pour décourager les mouches qui vont détester son odeur[8].
Le vinaigre ajouté à l'avoine peut également soulager les problèmes de mobilité et les problèmes respiratoires des chevaux.

8. *The Horse Interactive*, Sept. 1997.

Œdème

Pour réduire un œdème sur un cheval ou un autre animal, enveloppez la patte dans un linge imbibé de vinaigre. Recouvrez avec du film étirable ou du plastique et bandez pour maintenir en place. Laissez agir pendant 4 heures ou plus.

Calculs intestinaux

Les chevaux souffrent parfois de calculs qui peuvent provoquer des occlusions intestinales. Il n'y a pas d'études démontrant que le vinaigre de cidre empêche la formation de ces calculs, mais le Dr Hintz[9] de l'université de Cornell indique que des éleveurs en Californie ont remarqué une diminution des incidences de calculs intestinaux depuis qu'ils donnent 2 tasses de vinaigre de cidre quotidiennes à leurs chevaux à titre préventif.

Teignes et autres mycoses

Appliquez du vinaigre de cidre pur sur la peau du cheval autour de l'infection. Frottez soigneusement la surface atteinte trois fois par jour pendant une semaine.

Les mycoses des sabots

Ces infections peuvent être prévenues et réduites en appliquant régulièrement du vinaigre sur toute la surface sous le sabot (sole et fourchette). L'acidité de la surface du sabot empêchera les mycoses de se développer. Préparez une solution de trempage avec ¼ de tasse de vinaigre pour 4 litres d'eau. Le vinaigre guérira aussi plus rapidement d'autres infections ou contusions de votre cheval.

Abcès

Affreusement douloureux pour le cheval, il peut apparaître sans crier gare. Faites venir immédiatement le vétérinaire qui percera l'abcès. S'il n'y a pas de vétérinaire, ne le percez pas. Trempez le sabot dans une solution de vinaigre. Mettez ½ tasse de vinaigre dans 4 litres d'eau et plongez-y sa patte pendant 3 ou 6 heures d'affilée. Une fois que l'abcès est vidé, continuez les bains de sabot au vinaigre mais pendant des laps de temps moins longs.

9. Hintz HF, Hernandez T, Soderholm V et al : The effect of vinegar supplementation on pH of colonic fluid, Proc X1 th Equine Nutr Physiol Soc 1989 :116-118.

Appétit

Pour encourager un cheval malade à manger, au XVIIe siècle, le maréchal-ferrant Nicolas Beaugrand proposait la recette suivante :

« *Recette pour faire un arment à un cheval malade.*
N. B. Il faut prendre une demi-livre de miel rosat, de la mie de pain blanc rassis en poudre, et en mettre dans ledit miel, avec une demi-once de muscade, demi-once de cordiale, et demi-once de cannelle, le tout en poudre et bien mêlé ensemble, la mettre dans un pot avec un peu de vinaigre rosat, et en donner plusieurs fois à ronger au cheval au bout d'un nerf de bœuf, cela lui donnera appétit.[10] »

Vaches

Le Dr Jarvis recommande aussi le vinaigre pour les petits problèmes des vaches. Une tasse de vinaigre de cidre ajoutée à leur ration alimentaire quotidienne leur donne une jolie couleur et un pelage bien brillant. Elle permet également de supprimer les antibiotiques en stimulant leurs défenses naturelles.

Elle élimine aussi la fièvre de lait – aussi appelée fièvre vitulaire ou hypocalcémie – due à une carence en calcium dans le sang. Le Dr Jarvis explique qu'il suppose que le vinaigre dissout le calcium dans le sang parce que lorsqu'il en donnait aux vaches malades, elles guérissaient immédiatement.

Le bon docteur explique aussi qu'en observant les vaches dans les prés, il avait remarqué que ces paisibles ruminants avaient une prédilection très nette pour les plantes et les herbes les plus acides. Il note également que l'alimentation moderne des vaches soumises à une production de lait intensive est sérieusement carencée en verdure acide et riche en céréales alcalines. Et que ces pauvres laitières souffrent souvent de mastites, une infection du pis. Notre médecin émet l'hypothèse qu'un régime alcalin n'arrange pas les affaires des vaches. Il leur donne donc une bonne dose de vinaigre, à savoir une tasse par jour, et ô miracle, adieu les mastites.

10. Beaugrand N. ; Le Maréchal expert, traitant du naturel et des marques des beaux et bons Chevaux, de leurs maladies, et remèdes d'icelles ; avec un examen en forme de l'état du Maréchal, e t une description de toutes les parties et ossemens du Cheval, 1619.

Pour les vaches, les moutons et tous les animaux qui ont le nez qui coule, les fermiers du Vermont ont une arme radicale: 1 cuiller à soupe de miel diluée dans 1 cuiller à soupe de vinaigre dans leur pitance.

Et pour nettoyer et désinfecter les machines à traire avec un produit 'bio', les fermiers 'écolos' utilisent le vinaigre.

Au Japon, des études ont confirmé l'efficacité des vinaigres de bois pour contrôler les odeurs offensives du lisier[11]. Des tests *in situ* dans un élevage ont démontré que leur efficacité était similaire à celle constatée pendant les tests en laboratoire.

De plus, les mouches se faisaient très rares, ce qui représente un avantage non négligeable en faveur du vinaigre.

Au Canada, les éleveurs de moules ont appelé le vinaigre à la rescousse pour contrôler la colonisation massive des tunicates, des parasites qui s'accrochent aux lignes de moules et rendent la pêche très difficile. Avec un jet de vinaigre, exit les parasites [12]!

11. Takahara Y, Katoh K, Inaba R, Iwata H : Study on odor control using wood vinegars (II). Application of wood vinegars to piggery wastes, Nippon Koshu Eisei Zass, 1994 Feb; 41(2):147-56.
12. CBS News, Researchers seek tunicate solutions, February 14, 2007

Dans la mallette des magiciens

Et pour finir, quelques tours de magie et quelques expériences de chimie pour amuser les enfants avec beaucoup d'effets à peu de frais. Succès garanti chez les grands et les petits avec le volcan, la fusée et le bateau.

Les os mous comme du caoutchouc

Mettez des os de poulet ou de n'importe quelle autre volaille dans un bocal et recouvrez-les de vinaigre. Au bout d'une semaine, les os sont mous comme du caoutchouc parce que le vinaigre a fait fondre le calcium qui durcit les os.

L'œuf tout nu

Mettez un œuf dans un bocal, recouvrez-le de vinaigre et mettez-le au réfrigérateur. Au bout de 24 heures, la coquille devrait être dissoute. Changez le vinaigre et remettez au réfrigérateur pour 24 heures. Et voilà, l'œuf est nu. Mettez-le dans un verre. Il y a longtemps que les gens s'amusent à faire fondre les coquilles. À l'époque romaine.

Pline qui apparemment appréciait cette expérience explique que l'œuf est tellement mou que maintenant on peut le faire passer par une bague[13]. Essayez pour voir ce que ça donne.

L'extincteur de bougie

Mettez 3-4 cuillers à café de bicarbonate dans une cruche. Ajoutez 1 cm de vinaigre. Attendez que ça ne mousse plus. Allumez une bougie. Faites semblant de verser ce liquide imaginaire sur la flamme de la bougie en disant ABRACADABRA. Et devant les yeux ébahis des spectateurs, la bougie va s'éteindre.

Le secret, c'est qu'il y a du gaz carbonique dans le bicarbonate. Le vinaigre libère ce gaz carbonique qui remplit la bouteille. Il est plus lourd que l'air et lorsqu'on le verse sur la flamme de la bougie, il l'éteint. D'ailleurs les vrais extincteurs fonctionnent comme ça.

Le nettoyant magique

Mettez du vinaigre dans un bol avec du sel et mélangez pour faire fondre le sel. Plongez-y des pièces de monnaie en cuivre très sales dans le vinaigre. Attendez 10 minutes avant de ressortir les pièces propres et brillantes. Rincez et essuyez-les.

Les haricots qui dansent la java

Remplissez un vase transparent avec de l'eau et ajouter un colorant alimentaire. Puis ajoutez ¼ de tasse de vinaigre et 3 cuillers à café de bicarbonate. Laissez tomber des haricots secs, des boutons, des pâtes ou du riz dans le vase. Ils vont monter à la surface, redescendre puis remonter.

Comment gonfler un ballon

Étonnez votre public en gonflant un ballon sans souffler dedans. Prenez une bouteille et remplissez-en 1/3 de vinaigre. Mettez 1 cuiller à café de bicarbonate dans le ballon. Étirez l'ouverture du

13. Pline : *Histoire naturelle*, X, (LXXX).

ballon pour le fixer sur le goulot de la bouteille. Soulevez le ballon pour faire tomber le bicarbonate dans le vinaigre et regardez le ballon se gonfler tout seul.

Les potions magiques

C'est une potion magique mais imbuvable. Remplissez à moitié une bouteille avec du vinaigre et ajoutez 1 cuiller à café de bicarbonate. Pour que ça mousse plus longtemps, ajoutez un peu de liquide vaisselle dans le vinaigre.

Ou

Mettez 1 grand verre sur un plateau ou dans 1 dans un saladier. Versez 2 cuillers à soupe de vinaigre dans un gobelet. Mettez 2 cuillers à soupe de bicarbonate et du colorant alimentaire dans le verre puis recouvrez avec le vinaigre. Et admirez la potion qui déborde du verre.

Les bombes magiques

Avec une bouteille

À ne faire qu'en plein air. Fabriquez un pistolet avec une petite bouteille en plastique. Remplissez-la au tiers de vinaigre et ajoutez 1 cuiller à soupe de bicarbonate roulé dans une serviette en papier. Secouez énergiquement la bouteille et lancez-la en l'air. En touchant le sol, elle va exploser.

Avec une boîte à pellicule

Remplissez à moitié une boîte à pellicule photo avec du vinaigre. Faites un boudin de pâte compacte avec du bicarbonate et de l'eau. Coincez-le dans le couvercle. Il faut qu'il tienne bien. Puis mettez le couvercle sur la boîte. Retournez-la pour poser le couvercle sur le sol. Elle va exploser.

Comment fabriquer un volcan

Sur la plage, dans un bac à sable ou dans une cuvette, faites un volcan avec du sable.

Remplissez une petite bouteille presque jusqu'en haut avec de l'eau chaude et du colorant alimentaire rouge. Ajoutez 6 gouttes de liquide vaisselle et 2 cuillers à soupe de bicarbonate.
Mettez-la dans le cratère du volcan. Puis très lentement ajoutez ½ verre de vinaigre dans la bouteille. Et admirez l'éruption.
Ou
Fabriquez-le avec de la pâte. Mélangez 6 tasses de farine, 2 tasses de sel, 2 cuillers à soupe d'huile et 2 tasses d'eau. La pâte doit être souple et ferme. Ajoutez de l'eau si elle est trop dure.

Remplissez une petite bouteille presque jusqu'en haut avec de l'eau chaude et du colorant alimentaire rouge. Ajoutez 6 gouttes de liquide vaisselle et 2 cuillers à soupe de bicarbonate.
Mettez la bouteille dans un moule à gâteau et installez la pâte autour en forme de volcan. Laissez dépasser le haut de la bouteille et ne mettez pas de pâte dedans. Puis très lentement ajoutez ½ verre de vinaigre dans la bouteille. Et admirez l'éruption.

Le chaudron des sorcières

Trouvez un récipient qui fera office de chaudron. Mettez ce chaudron dans un autre récipient ou sur un plateau si vous ne faites pas cette expérience à l'extérieur.

Versez 2 cuillers à soupe d'eau dans le chaudron. Ajoutez 1 cuiller à soupe de bicarbonate et du colorant alimentaire. Mélangez bien.

Mettez 2 cuillers à soupe de vinaigre dans 1 tasse et versez-le d'un coup sur le mélange bicarbonate, vinaigre et colorant. Et admirez la potion qui bouillonne dans le chaudron.

Comment fabriquer une fusée

Il vous faut une boîte à pellicule 35 mm, une feuille de papier, des ciseaux, du scotch, des serviettes en papier, ½ cuiller à soupe de bicarbonate et un peu de vinaigre. Commencez par recouvrir la boîte à pellicule avec le papier pour lui donner l'apparence d'une fusée. Le couvercle de la boîte est la base de la fusée qui sera posée sur le sol. Plus la fusée sera légère plus elle ira haut. Une fois la fusée construite, le lancement se fait à l'extérieur.

Mettez ½ cuiller à café de bicarbonate dans un petit bout de mouchoir en papier. Mettez du scotch double-face (ou du scotch replié sur lui-même pour faire du double face) dans le couvercle de la boîte à pellicule. Faites un petit paquet que vous mettez dans le couvercle. Remplissez le quart de la boîte à pellicule avec du vinaigre. Mettez-le couvercle et retournez la fusée pour la poser debout sur le sol. Et attention au décollage.

Comment fabriquer un bateau à moteur

Il vous faut du bicarbonate, des mouchoirs en papier ou des carrés de papier toilette, 1 petite bouteille d'eau minérale ou de soda avec un bouchon, ¼ de tasse de vinaigre, 1 baignoire ou 1 pataugeoire avec de l'eau.

Mettez 3 cuillers à soupe de bicarbonate sur 1 mouchoir en papier. Faites un petit paquet bien serré et mettez-le dans la bouteille en plastique. Pliez le reste des mouchoirs et mettez-les dans la bouteille. Tenez le bouchon dans une main pendant que vous remplissez la bouteille avec le vinaigre. Mettez-le bouchon en ne vissant qu'un seul tour et mettez rapidement la bouteille dans la baignoire.

Le plastique magique

Il vous faut ½ litre de crème épaisse, du vinaigre, 1 petite casserole, 1 cuiller à café. Mettez la crème dans la casserole et faites-la chauffer pour qu'elle frémisse. (Elle ne doit pas bouillir). Puis ajoutez très lentement quelques cuillers à café de vinaigre en mélangeant sans arrêt. Continuez à tourner jusqu'à ce que la crème devienne caoutchouteuse. Éteignez le feu et laissez refroidir. Une fois qu'elle est froide, passez cette crème caoutchouteuse sous l'eau froide. Et voilà vous avez du plastique. Un plastique écologique mais beaucoup trop cher pour en faire des sachets.

L'encre des espions

En 500 avant notre ère, Hérodote raconte dans ses *Histoires*[14] que, pendant la guerre contre le roi de Perse Darius 1e, Histiaeus, voulait contacter son ami Aristagoras pour lui demander de se rebeller contre Darius. Il a donc écrit un message sur la tête rasée d'un esclave qu'il a envoyé traverser les lignes ennemies une fois que ses cheveux avaient repoussé. Une fois de l'autre côté, l'esclave a demandé à Aristagoras de lui raser la tête et lire le message. Le plan a marché et Darius a été vaincu.

Un jour Pantagruel a reçu une lettre d'une dame de Paris « il ouvrit la lettre il n'y trouva rien d'écrit, mais seulement un anneau d'or, avec un diamant lisse. Il appela alors Panurge et lui montra l'affaire.
Voyant cela Panurge lui dit que la feuille de papier était écrite, mais avec un artifice si subtil que l'on n'y voyait point d'écriture.
Et pour le savoir, il la mit auprès du feu, pour voir si l'écriture était faite avec du sel ammoniac trempé dans l'eau.

Puis il la mit dans l'eau, pour savoir si la lettre était écrite avec du suc d'euphorbe.
Puis il l'approcha d'une chandelle, pour savoir si elle n'était pas écrite avec du jus d'oignons blancs.
Puis il en frotta une partie avec de l'huile de noix, pour voir si elle n'était pas écrite avec de la lessive de cendres de figuier.

Puis il en frotta une partie avec du lait de femme allaitant sa première fille, pour voir si elle n'était pas écrite avec du sang de crapaud.
Puis il en frotta un coin avec les cendres d'un nid d'hirondelles pour voir si elle était écrite avec le jus que l'on trouve dans les pommes d'Alicacabut.
Puis il en frotta un autre bout avec de la sanie d'oreilles, pour voir si elle était écrite avec du fiel de corbeau.
Puis il la trempa dans du vinaigre, pour voir si elle était écrite avec du lait d'épurge. »
Mais Pantagruel a oublié que la dame aurait pu écrire la lettre avec du vinaigre. Eh oui. Et dans ce cas, il faut une bougie ou du jus de chou rouge pour pouvoir la lire.

14. Hérodote : *Histoires*, Livre V, Terpsichore, 35 : 1.

Vinaigre et bougie

Il faut 1 petit bol, du vinaigre, 1 feuille de papier, 1 pinceau ou 1 porte-plume ou 1 un stylet en bambou ou 1 plume d'oiseau pour écrire, et 1 bougie.

Si votre espion veut écrire avec une plume d'oiseau, le top c'est une plume d'oie, mais n'importe quelle autre grande et belle plume fera l'affaire. Taillez la pointe biseau. Dites-lui de tremper la plume ou le pinceau dans le vinaigre et d'écrire son message sur la feuille de papier. Laissez sécher. Puis allumez la bougie et passez la feuille de papier plusieurs fois près de la flamme sans la brûler, évidemment.
Le message va apparaître progressivement parce qu'au contact de la chaleur, le vinaigre noircit plus vite que le papier.

Vinaigre et chou rouge

Le jus de choux rouge peut aussi être un révélateur.
Couper le chou en petits morceaux et le mettre à cuire dans de l'eau jusqu'à ce que l'eau ait une belle couleur violette. Laissez refroidir et mettez dans un petit vaporisateur conservé au réfrigérateur. Et Le chou peut être servi au repas.

Demandez à votre espion d'écrire son message avec le vinaigre, laissez sécher puis demandez-lui de vaporiser délicatement le jus de chou sur la feuille de papier. Le message va apparaître. Pourquoi ? Parce que le vinaigre est acide et, à son contact, le jus de choux va changer de couleur.
Attention aux vêtements. Le jus de chou fait des taches.

Encre au vinaigre et aux fruits rouges

Fabriquez de l'encre avec des mûres, des myrtilles, du cassis, des fraises, des framboises, des cerises ou du sureau bien mûrs.

Il faut ½ tasse de fruits, ½ cuiller à café de vinaigre et ½ cuiller à café de sel. Mettez les fruits dans une passoire ou un bol et écrasez-les avec une cuiller en bois. Une fois que vous avez le jus, ajoutez le vinaigre et le sel. Le vinaigre va conserver la couleur de l'encre et le sel l'empêchera de moisir. Si l'encre est trop épaisse, ajoutez 1 cuiller à soupe d'eau. Conservez-la dans un petit pot pour bébé qui ferme bien. C'est parfait comme encrier qu'il faut refermer soigneusement après usage.

Fabriquez de la peinture

Rien de plus facile que de fabriquer sa peinture. Les enfants vont adorer.

Peinture au vinaigre et à la fécule

Il vous faut du vinaigre blanc, de la Maïzena, des colorants alimentaires et quelques petits pots pour bébé avec des couvercles qui ferment bien. Mettez 2 cuillers à café de vinaigre blanc dans le petit pot. Ajoutez 2 cuillers à café de Maïzena et 20 gouttes de colorant alimentaire. Mettez le couvercle, assurez-vous qu'il est bien fermé et secouez-le vigoureusement.

Recommencez l'opération avec d'autres autres couleurs.
Si vous n'avez pas de bleu, mélangez du jaune et du vert.
Si vous n'avez pas de vert, mélangez du bleu et du jaune.
Pour faire du violet, mélangez du rouge et du bleu.
Pour faire de l'orange, il faut du rouge et du jaune.

Peinture à l'eau

Il faut un bol, du vinaigre, du bicarbonate, des cuillers pour mesurer, de la Maïzena, de la glycérine, des colorants alimentaires et quelques petits bouchons en plastique.

Mettez 1 cuiller à soupe de vinaigre et 2 cuillers à soupe de bicarbonate dans le bol. Ça va faire des bulles pendant un moment. Une fois que les bulles s'arrêtent, ajoutez 1 cuiller à soupe de Maïzena et ¼ de cuiller de glycérine. Mélangez soigneusement avant de verser dans les bouchons. Ajouter plusieurs gouttes de colorant à chaque bouchon. Laisse sécher et le lendemain, vous avez de la peinture à l'eau.

Conclusion

Et pour finir, une petite histoire sur les « Trois Enseignements Traditionnels » de la philosophie asiatique. Sur un tableau ancien, Confucius, Bouddha et Lao Tseu se tiennent devant une jarre de vinaigre qui représente la Vie. Chacun d'eux y trempe son doigt pour le goûter.

Confucius le trouve aigre, tout comme la vie. Il explique que le monde est un endroit désordonné qui doit être contrôlé.

Bouddha le trouve amer, tout comme la vie. Celle-ci est pleine d'attachements, de désirs, qui provoquent la souffrance. Il faut donc, transcender ce monde matériel, pour atteindre la paix.

Lao-Tseu le trouve sucré et sourit en le goûtant. Il trouve la vie parfaite et merveilleuse. L'harmonie règne partout, on peut la voir à chaque instant. Le monde est une source d'enseignement. Tout tend vers le bonheur. Le taoïsme transforme en positif ce que les autres voient de manière négative. Ce que l'on trouve amer n'est que le fait d'une mauvaise interprétation[15].

À chacun son vinaigre. Envoyez-nous vos recettes. Nous les ajouterons à la prochaine édition.

15. Karcher S : Ta Chuan, The Great Treatise, St. Martin's Press, 2000. Hoff B : The Tao of Pooh, Dutton Books, 1982.

Où trouver vos vinaigres

Le vinaigre blanc ou vinaigre d'alcool ou vinaigre cristal ou vinaigre ménager

C'est le vinaigre le plus vendu en France comme dans le reste du monde. C'est aussi le moins cher. On le trouve dans tous les supermarchés, hypermarchés, hard-discounts au rayon « Condiments ». On le trouve aussi dans les drogueries.
Le vinaigre ménager est un peu plus cher, on en trouve surtout dans les drogueries.

Les vinaigres les plus courants non biologiques

Les vinaigres de cidre, de vin, de « pseudo Xérès », et « pseudo-balsamique » se trouvent dans les grandes surfaces.

Le vinaigre de cidre biologique

Le véritable vinaigre de cidre biologique est fabriqué à partir d'un jus de pommes issu de l'agriculture biologique. Il est vieilli en fûts de chêne pendant 1 an. Il est non-pasteurisé. Il est assez difficile à trouver en France. Essayez les épiceries fines comme La Grande épicerie de Paris, certains magasins de produits diététiques ou sur Internet.

http://www.monmarchand.com/ar_detail.phpar_id =903 & PHPSESSID =9954a39055e4daffe7e941ce372d7332 http://www.saveurs-et-terroir.com/page.phtml?i=2&action=infos&num_pdt=17

Le vinaigre balsamique

Les fioles de véritable vinaigre balsamique, qui doit provenir de Modène et porter la mention Aceto balsamico Trazionale de Modena, ne sont disponibles que dans les boutiques spécialisées.

Le vinaigre de Xeres

Le vrai vinaigre de Xeres doit séjourner au moins six mois en fût de chêne. La durée est de deux ans pour le vinaigre de Xeres reserva. On le trouve dans les épiceries fines.

Les vinaigres de riz chinois et japonais

Les vinaigres de riz complet fermenté chinois et japonais restent difficiles à trouver en France. La Grande épicerie de Paris, certaines épiceries fines, les magasins asiatiques. Demandez bien du vinaigre de riz noir ou brun complet, de fabrication artisanale. Pour le vinaigre de riz chinois demandez du Chencu vieilli (Shanxi lao chencu 山西老陈醋). Pour le vinaigre de riz japonais, demandez du Kurozu (Nachi Kurokomesu).

Et sur Internet :
Un site japonais http://www.kurozu.co.jp/english/05shohin/01.html

Oaky - Vinaigre de charbon de chêne

Laboratoire Aromalia
Dépôt 35
33 rue de la gare
35120 La Boussac
Tel : 02 99 80 00 16
fax : 02 99 80 19 02
Email : aromalia35@aol.com
http://www.aromalia.fr/index.html

Bio-Forme
4 bis, rue Albert Parissot
27300 Bernay
tél. 02 32 45 85 17
Email : contact@bio-forme-online.com
http://www.bio-forme-online.com/index_t90.htm

Laboratoire Natura-Clairvi
90 rte des Alluaz
74380 BONNE
Tél. 04.50.38.53.14 - Fax : 04.50.92.14.18
Mail : philippe.perruchon@natura-clairvi.com
http://www.natura-clairvi.com

Index

Symboles

A

B

C

D

E

F

G

H

I

L

M

N

O

P

R

S

T

U

V

Z

Dépôt légal : avril 2009
IMPRIMÉ EN FRANCE

Achevé d'imprimer le 8 avril 2009
sur les presses de l'imprimerie «La Source d'Or»
63039 Clermont-Ferrand
Imprimeur n° 14128

*Dans le cadre de sa politique de développement durable,
La Source d'Or a été référencée IMPRIM'VERT® par son organisme consulaire de tutelle.
Cet ouvrage est imprimé - pour l'intérieur - sur papier offset « Amber Graphic » 90 g
des papeteries Arctic Paper, dont les usines ont obtenu les certifications environnementales
ISO 14001 et OHSAS 18001 et opèrent conformément aux normes E.C.F. et E.M.A.S.
Le papier « Amber Graphic » est certifié F.S.C. et ISO 9706 « papier permanent ».*